e 能源与电力分析年度报告系列

2019

中国电源发展分析报告

国网能源研究院有限公司 编著

中国电力出版社
CHINA ELECTRIC POWER PRESS

内 容 提 要

《中国电源发展分析报告》是能源与电力分析年度报告系列之一。本报告分析了 2018 年我国发电能源与电源发展状况、电源投资和发电企业运营盈利情况；进行了 2018 年电源发展综合评价；预测了 2019 年电力、煤炭、天然气供需及水电基地来水情况；探讨了能源电力行业发展热点问题及影响，主要包括电源与电网协调发展、"十四五"新能源开发布局、储能技术在电力系统的发展前景等。

本报告可供我国能源及电力工业发展相关政府部门、企业及研究单位的有关人员参考使用。

图书在版编目（CIP）数据

中国电源发展分析报告.2019/国网能源研究院有限公司编著.—北京：中国电力出版社，2019.6
（能源与电力分析年度报告系列）
ISBN 978 - 7 - 5198 - 3328 - 2

Ⅰ.①中… Ⅱ.①国… Ⅲ.①电能－经济发展－研究报告－中国－2019 Ⅳ.①F426.61

中国版本图书馆 CIP 数据核字（2019）第 124221 号

出版发行：中国电力出版社
地　　址：北京市东城区北京站西街 19 号（邮政编码 100005）
网　　址：http：//www.cepp. sgcc. com. cn
责任编辑：刘汝青（010-63412382）　曹　慧
责任校对：黄　蓓　朱丽芳
装帧设计：赵姗姗
责任印制：吴　迪

印　　刷：北京瑞禾彩色印刷有限公司
版　　次：2019 年 6 月第一版
印　　次：2019 年 6 月北京第一次印刷
开　　本：787 毫米×1092 毫米　16 开本
印　　张：7.5
印　　数：0001—2000 册
字　　数：143 千字
定　　价：88.00 元

前　言
PREFACE

国网能源研究院有限公司多年来持续跟踪我国煤炭、天然气等发电能源供需、电源建设、节能环保等相关领域热点问题，开展发电能源供需与电源发展形势预测、中长期电源发展规划研究等，形成年度系列分析报告，为政府部门、电力企业和社会各界提供有价值的决策参考和信息。

《中国电源发展分析报告》是能源与电力分析年度报告系列之一，围绕我国发电能源与电源的生产、消费、价格、储运、建设运行、节能环保、技术进步及相关企业的投资运营状况等方面进行分析。为有效跟踪并充分反映电源发展动态，本年年度分析报告延续使用并丰富了上一年度的电源发展综合评价体系，继续从绿色、经济、安全、效率等维度开展电源发展综合评价。此外，本年年度分析报告结合当前电力行业发展形势，针对源网协调、新能源合理开发、储能技术应用等关系电力高质量发展的焦点问题进行专题分析。

本报告共分为 6 章。第 1、2 章梳理了 2018 年发电能源与电源发展情况；第 3 章分析了 2018 年电源投资和发电企业运营情况；第 4 章结合 2018 年电源发展实际，综合评价了我国电源发展现状；第 5 章预测了 2019 年电力供需形势和发电能源供应能力；第 6 章探讨了电源发展焦点问题及影响，主要包括电源与电网协调发展的形势与建议、不同消纳理念下的"十四五"新能源发展展望、电力系统中储能发展及应用关键问题等专题。

本报告概述部分由王芃主笔，第 1 章由王芃、焦冰琦主笔，第 2 章由王芃、元博主笔，第 3 章由王芃、弭辙主笔，第 4 章由王芃主笔，第 5 章由焦冰琦主笔，第 6 章由闫晓卿、元博、弭辙主笔。全书由鲁刚、王芃、闫晓卿统稿，焦冰琦、冯君淑、元博、弭辙校核。

在本报告的编写过程中，得到了能源、电力领域多位专家的悉心指导，研究生杜莹莹、付凌波、胡星炜等同学帮助查询和整理数据资料，在此表示衷心感谢！

限于作者水平，虽然对书稿进行了反复研究推敲，但难免仍会存在疏漏与不足之处，恳请读者谅解并批评指正！

编著者

2019 年 6 月

目 录
CONTENTS

前言

概　　述

2018 年是全面贯彻党的十九大精神的开局之年。面对深刻变化的外部环境和经济转型带来的严峻挑战，在以习近平同志为核心的党中央坚强领导下，全国各行业齐心协力、攻坚克难，扎实推动促进经济高质量发展的各项工作，经济运行实现了总体平稳、稳中有进，决胜全面建成小康社会取得新进展。

2018 年也是深化能源供给侧结构性改革、提升能源供给质量的重要一年。在"四个革命、一个合作"能源安全新战略的引导下，能源电力行业坚持"稳中求进"工作总基调，优化能源生产与消费结构，为经济转型升级、新动能快速成长提供坚实的能源保障。全年全国能源供需总体宽松，一次能源生产和消费总量分别为 37.7 亿、46.4 亿 t 标准煤，分别较上年增长 5.0% 和 3.3%，非化石能源消费占比达到 14.3%，同比提高 0.5 个百分点。

发电用能在能源消费中扮演愈加重要的角色。2018 年发电用能需求较上年增长 8.2%，发电用煤、发电用气分别同比增长 6.7% 和 10.1%。回顾全年电力建设、生产和投资运营情况，既要看到电源领域在绿色、经济、安全、效率等方面持续提升发展质量，取得了可喜的成绩，同时也要充分认识到电源发展还面临一些困难与挑战。2019 年是"四个革命、一个合作"能源安全新战略提出五周年，也是抓紧研究"十四五"规划重大问题、深入推动能源发展三大变革的关键之年。因此，仍需要做好对电源发展产生重要影响的重点问题研判，共同努力推动电源领域高质量发展。

（一）2018 年电源发展评述

2018 年，随着新发展理念实践不断深入，电源领域呈现良好发展态势，电源综合指标持续改善。

绿色生产方面，电源装机结构优化调整力度加大，非化石能源发电新增装机规模创历史新高，新能源发电规模保持快速增长，火电机组能效水平提高。2018 年，我国发电装机总规模为 19.0 亿 kW，其中水电、核电、风电、太阳能发电等非化石能源发电装机占比约为 39.8%，同比提高约 2.0 个百分点，非化石能源发电新增装机占比约为 68.3%。全年累计完成发电量约 7.0 万亿 kW·h，其中新能源发电量约为 5435 亿 kW·h，较上年增加约 29.4%。全国近 5000 万 kW 煤电机组实施超低排放改造，累计完成节能改造约 6.9 亿 kW。火电机组供电标准煤耗约为 308g/（kW·h），较上年下降 1g/（kW·h）。

经济效益方面，电源领域"去产能""降杠杆"初见成效，虽然发电企业整体效益回升，但煤电企业电煤采购成本仍然较高，生产经营继续承压。2018 年，电源领域继续坚持以供给侧结构性改革为主线，推动电力供应体系提质增效。全年淘汰煤电落后产能超过 1200 万 kW，较上年增加 33.4%。五家主要发电集团（国家能源集团、国家电投集团、华电集团、大唐集团、华能集团）资产负债率持续降低，全部降至 80% 以下。受电力需求快速增长、发电利用小时数回升等因素影响，发电板块盈利 833.0 亿元，较上年增长约 32.3%。与此同时，电煤价格维持高位增加了企业燃料成本，2018 年火电企业亏损面仍近 50%。

安全运行方面，电煤库存水平有所增加，灵活调节电源建设持续推进，电力供需形势总体平衡。2018 年，随着煤炭优质产能加快释放，电煤库存得到适当补充，全国重点发电企业煤炭库存量为 8141 万 t，比 2018 年初增加 1500 万 t。抽水蓄能、燃气发电等灵活性电源装机规模稳步提高，分别较上年增加 130 万、760 万 kW。虽然部分地区存在局部性、时段性电力供应紧张现象，但在电源灵活性调节、跨区输电互济、需求侧管理等多种手段协助下，电力需求得到有效保障，电力供需形势总体保持平衡。

利用效率方面，各类发电设备利用小时数均有所提高，弃风率和弃光率继续降低，达到"十三五"以来最好水平。2018 年，全国发电设备利用小时数增加约 72h，其中火电、水电、核电、风电、太阳能发电年利用小时数分别较上年提高 142、16、95、146、7h。全国平均弃风率和弃光率分别为 7% 和 3%，较上年分别降低 5 个和 2.8 个百分点。

（二）2019 年电源发展预测

在 2018 年电源发展基础上，2019 年火电新增装机规模有望扭转下滑趋势，水电新增规模有所降低，核电、太阳能发电新增规模趋缓，风电延续快速发展趋势。结合电力需求和电力供应能力来看，全国电力供需形势仍将延续总体平衡态势。

电源装机增速有所放缓，供需形势总体平衡。预计 2019 年新增发电装机规模 1.1 亿 kW，全国装机总规模将达到 20.1 亿 kW，同比增长 5.8%，增速较 2018 年降低约 1.1 个百分点。全国电力供需形势总体平衡，部分地区高峰时段电力供应紧张。华北、华中电网供需紧张；西南电网供需偏紧；华东电网供需平衡；南方电网供需平衡有余；东北、西北电网电力供应富余。

不同品种电源发展趋势分化，非化石能源装机占比继续提升。分电源品种看，2019 年，随着各地保供压力逐步增大，火电新增装机规模有望达到 4500 万 kW 左右，煤电累计装机规模将逼近国家电力"十三五"规划中设定的发展目标；水电新增规模低于上年水平，抽水蓄能新增规模有所降低；受政策核准审批影响，核电投产规模减小，下降幅度预计达到 40%；随着多地区风电投资红色预警逐步解除、配套电源建设进度加快，风电新增规模预计较上年增长约 33%；在补贴规模与力度不断下降、市场环境监测机制加强等多因素叠加影响下，太阳能发电发展不确定性加大，预计新增规模同比下降约 45%。预计到 2019 年底，全国非化石能源装机规模将达到 8.2 亿 kW，占比超过 40%。

华北、华中、西北、东北地区装机增速领跑，区域间装机规模梯队化特征依然显著。受部分停缓建火电机组投产、新能源投资解禁、跨省跨区输电通道配套电源建设等因素影响，预计 2019 年华北、华中、西北、东北地区发电装机增速较快，分别达到 7.2%、7.1%、7.0% 和 6.9%，超过全国平均水平。华东、南方和西南地区装机增速分别为 4.7%、4.5% 和 1.7%。预计到 2019 年底，华北、华东、南方等地区电源装机规模将处于前列，分别为 4.8 亿、3.9 亿 kW 和 3.4 亿 kW，西北、华中、西南和东北地区装机规模预计将分别达到 2.9 亿、2.6 亿、1.3 亿 kW 和 1.2 亿 kW。

（三）电源发展重点研判

党的十九大提出要构建清洁低碳、安全高效的能源体系，这是加快能源革命进程、推进能源转型的本质要求和现实需要。在电力行业统筹优化增量与调整存量的过程中，电源发展面临新的形势与挑战。

当前电源与电网协调发展需加强。一方面，电源与电网基础设施的"硬件"布局协调程度有待提高，电源开发与电网建设的不协调、不匹配不仅带来了局部地区新能源消纳难题，也制约了电力资源大范围优化配置效率的提升，难以实现多能互补、时空互济、协调运行的要求。另一方面，保障电源和电网协调发展的"软件"政策与机制待完善，"网-源-荷-储"的协调规划和布局引导仍存在不足，电力市场化交易机制尚待完善、电力行业数据共享和信息互通程度不充分限制了电力高质量发展潜力的释放程度。

"十四五"新能源发展需合理调控开发规模，科学制定消纳指标。测算分析显示，在弃电率5%目标条件下，"十四五"期间西部北部地区新增装机规模不宜超过8200万kW。相较弃电率管控目标，以计及全社会电力供应总成本最低原则制定的新能源消纳"利用率"指标，不仅可使西部北部和东中部增加新能源装机3400万kW，还可减少1300万kW灵活调节资源需求，降低电力供应总成本375亿元，提升系统整体经济性。

中长期储能规模化发展将对电力系统产生影响，但推动储能在电力系统中应用仍面临一系列难题。随着技术经济性不断进步，未来储能在电力系统中的应用需求有望突破2亿kW，在西部北部新能源富集地区的装机比重不断提高。若储能实现规模化发展，预计2035年有望降低弃能率8.8个百分点，为受端地区提供2.2亿kW快速有功支撑，保障大直流馈入电网的安全稳定运行。为充分发挥储能在电力系统不同应用场景中的功能，仍需要解决市场机制不健全、成本疏导困难、技术创新待加强、标准规范缺失、运行安全风险等问题。

综上，面向未来一段时期，需要进一步把握能源电力行业发展大势，从

"硬件"和"软件"两个维度全面提升电源与电网的统筹规划和建设水平，"因地施策"推动新能源发展，丰富并完善新能源消纳"利用率"指标内涵，破除制约储能产业健康发展的市场、技术、安全瓶颈，充分发挥储能对电力系统高效运行的促进作用，持续推动电力行业高质量发展。

1

2018 年发电能源发展情况

章节要点

能源生产和消费保持平稳增长，非化石能源消费占比持续提高。2018 年，一次能源生产总量 37.7 亿 t 标准煤，同比增长 5.0%。能源消费总量约 46.4 亿 t 标准煤，同比增长 3.3%。其中，煤炭消费占比降至 59.0%，非化石能源消费占比升高至 14.3%。

发电用能保持较快增长，成为拉动能源消费的重要力量。在经济发展新旧动能转换加快、用电需求回暖拉动等因素影响下，发电用能较上年增长 8.2%，在一次能源消费中的占比继续超过 40%。

煤炭生产和煤炭消费持续回暖，煤炭进口补充效应明显，发电用煤占比继续超过 50%，电煤价格高位趋稳。2018 年全国煤炭生产和消费量分别达到 36.8 亿 t 和 39.0 亿 t，同比增长 4.5% 和 1%，全年煤炭进口量约为 2.8 亿 t，同比增长 3.8%。发电用煤约 21.2 亿 t，占煤炭消费总量的比重升至 54.4%。电煤价格稳定在 515～567 元/t 之间，年平均值同比增长 5.8%。

天然气消费延续两位数增长态势，全年"淡季不淡"特点突出，发电用气规模持续增长，天然气供应得到有效保障。2018 年全国天然气消费量达 2803 亿 m³，同比增长 17.5%。淡季用气同比增速超过旺季，二季度、三季度天然气消费量分别同比增长 17.6% 和 19.6%。全年发电用气量达 470 亿 m³，同比增长 10.1%。在天然气产量提升、进口规模扩大、储运基础设施逐步完善等共同作用下，市场供需基本稳定。

全国降水偏多，平均风速与上年持平，光照辐射总体相对偏低。2018 年全国平均年降水量常年偏多 7%，16 个省（市）陆地 70m 平均风速超过 5.0m/s，陆地表面年平均水平面总辐射量、最佳斜面辐射量均低于近十年均值。

1.1　总体概况

2018 年，我国能源生产平稳增长，能源消费水平持续提高，能源供需总体宽松。受宏观经济保持平稳运行态势、供给侧结构性改革加快推进、冬季和夏季气温变化等因素影响，2018 年，全国一次能源生产总量为 37.7 亿 t 标准煤，相较上年增长约 5.0%，增速提高约 1.3 个百分点；全国能源消费总量约 46.4 亿 t 标准煤，同比增长 3.3%，增速提高 0.3 个百分点。2011－2018 年我国能源生产消费情况如图 1－1 所示。

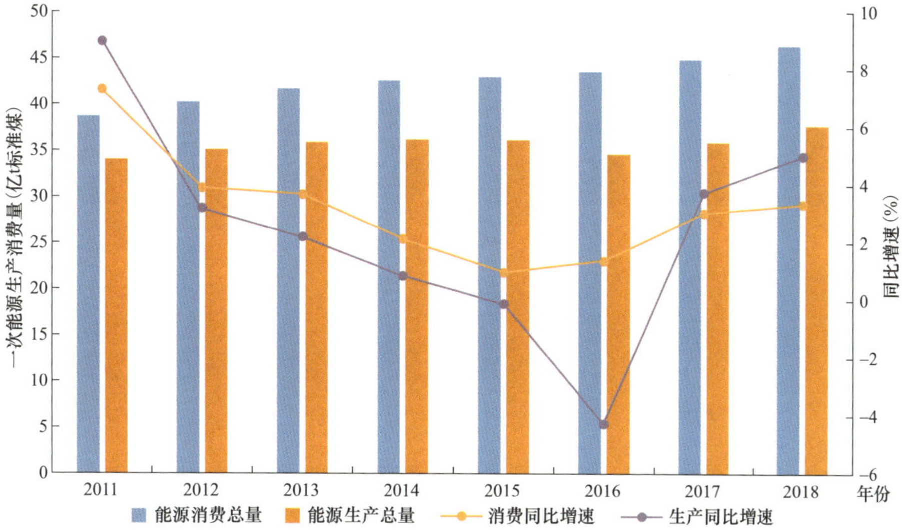

图 1－1　2011－2018 年我国能源生产消费情况

能源转型持续推进，非化石能源消费占比稳步增长。践行绿色发展理念、稳步推进能源消费清洁化成为当前我国能源发展的主要趋势。2018 年，煤炭消费量为 27.4 亿 t 标准煤❶，占能源消费总量的 59.0%，同比

---

❶　根据《2018 年国民经济和社会发展统计公报》，利用能源消费总量×煤炭消费占比进行推算。

下降 1.4 个百分点；非化石能源消费约 6.6 亿 t 标准煤❶，占比达
14.3%，同比上升 0.5 个百分点。2011—2018 年我国一次能源消费结构
如图 1-2 所示。

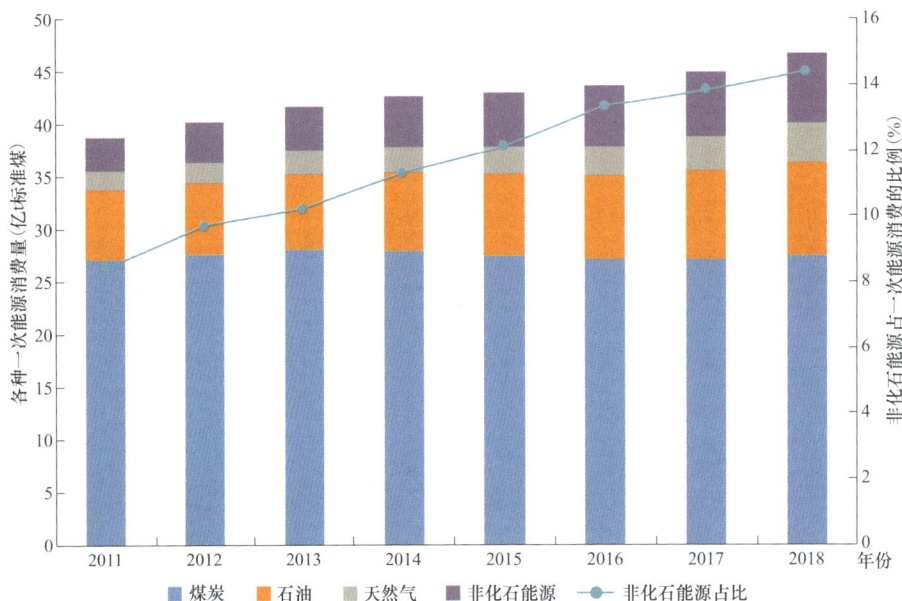

图 1-2　2011—2018 年我国一次能源消费结构

发电能源需求保持较快增速，在一次能源消费中占比持续提升。随着经济
发展新旧动能转换加快，用电需求回暖拉动发电能源需求增长。2018 年，我国
发电能源消费量约 20.2 亿 t 标准煤❷，较上年增长 8.2%，增速提高约 2.8 个百
分点；发电能源消费占一次能源消费的比重为 43.6%，较上年增长约 2.0 个百
分点。2011—2018 年我国发电能源消费情况如图 1-3 所示。

---

❶ 根据《2018 年国民经济和社会发展统计公报》，利用能源消费总量×清洁能源消费总量
占比—天然气消费总量进行推算。

❷ 根据 2018 年发电量×2018 年发电煤耗计算得到。

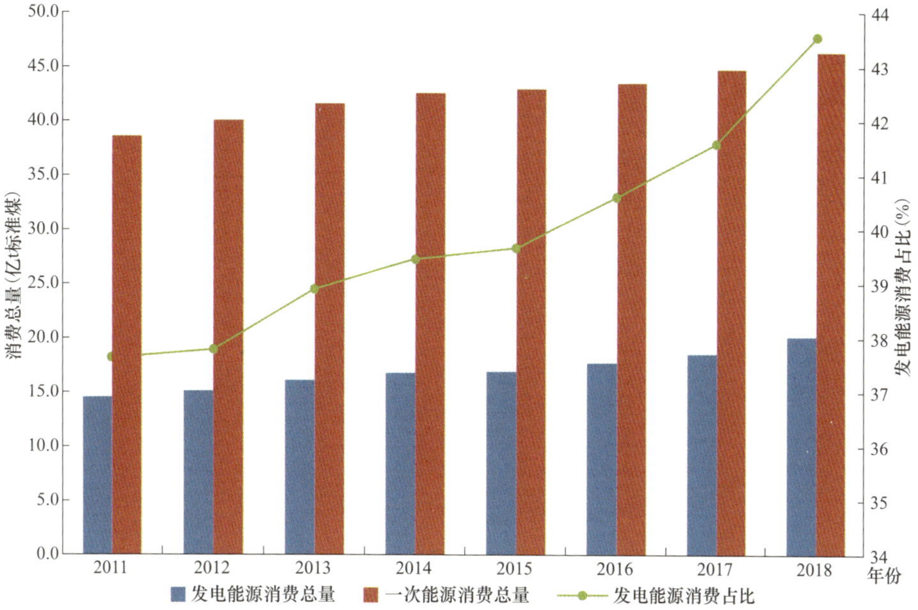

图 1 - 3　2011－2018 年我国发电能源消费情况

1.2　煤炭

受宏观经济保持稳中有进发展态势、煤炭优质产能加快释放等利好因素影响，2018 年我国煤炭消费和生产延续增长态势，煤炭净进口量继续上行，煤炭价格维持高位，铁路及主要港口煤炭运输量保持增长。

1.2.1　煤炭消费

煤炭消费稳健增长。受电力、钢铁、建材等行业煤炭需求拉动，2018 年全国煤炭消费持续增长，延续了 2017 年以来的回暖态势，消费总量约为 39.0 亿 t[❶]。2011－2018 年我国煤炭消费情况如图 1 - 4 所示。

---

❶　根据 2017 年煤炭消费总量与《2018 年国民经济和社会发展统计公报》中披露的 2018 年煤炭消费增速计算得出。

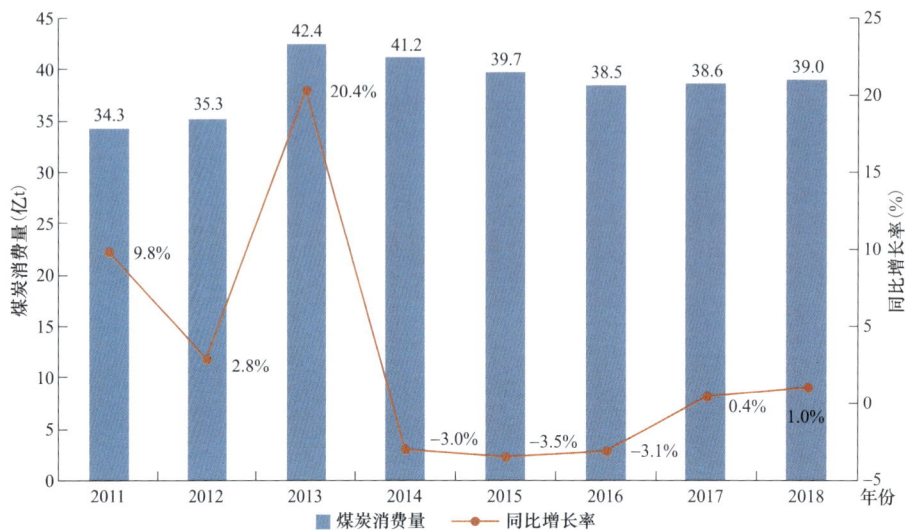

图 1-4　2011—2018 年我国煤炭消费变化情况

商品煤消费实现增长，夏冬双峰特征依旧突出。宏观经济对煤炭需求的拉动作用在全年商品煤消费变化趋势上也有所体现。2018 年商品煤逐月消费均高于 2017 年同期水平，变化趋势基本与 2017 年保持一致，呈现夏冬双峰特征。2017—2018 年全国商品煤逐月消费量变化情况如图 1-5 所示。

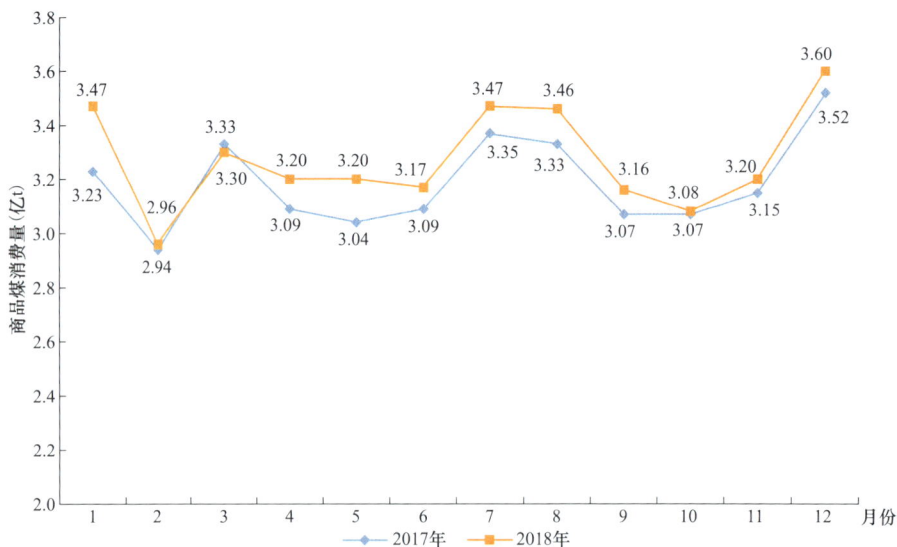

图 1-5　2017—2018 年全国商品煤逐月消费量变化情况

全社会煤炭库存水平显著提升。随着供给侧结构性改革持续推进，煤炭优质产能释放加快，煤炭需求保障能力增强，煤炭库存水平回升。2018 年，重点发电企业、国有重点煤矿、全国主要港口煤炭库存水平整体呈现波动上升态势，全社会煤炭库存相比年初增加约 5000 万 t[❶]。2018 年煤炭库存情况如图 1-6 所示。

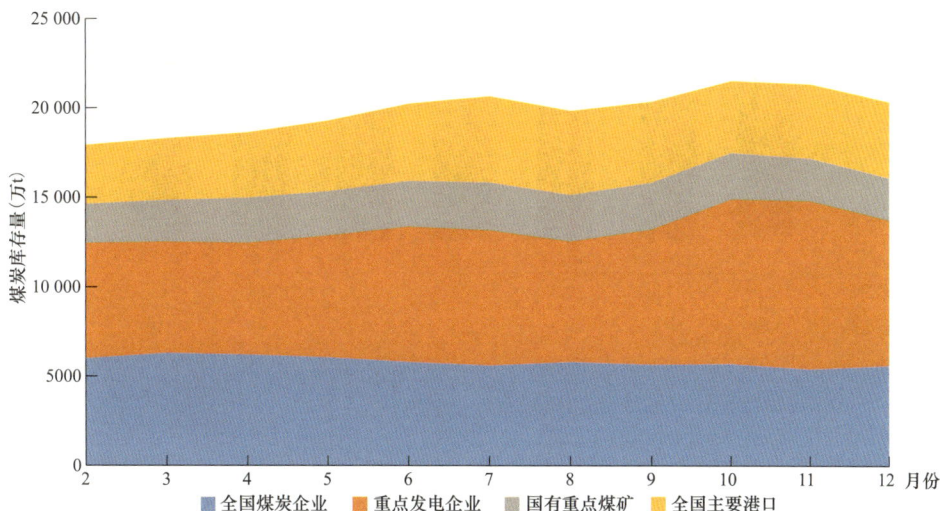

图 1-6 2018 年煤炭库存情况

发电用煤保持较快增长。在全社会用电水平快速增长、季节性消费需求等因素的驱动下，电力行业煤炭消费量持续上升，成为拉动煤炭消费的主要力量。2018 年，我国发电用煤消费量约 21.2 亿 t，同比上升 6.7%，发电用煤消费占比达到 54.4%，较上年增长约 2.9 个百分点。2011—2018 年我国发电用煤消费情况如图 1-7 所示。

1.2.2 煤炭供应

原煤产量继续回升。2018 年，全国煤炭生产情况保持稳定，煤炭优质产能有序释放。全年原煤产量 36.8 亿 t，较上年增加 4.5%，增速提高约 1.3 个百分点。2017 年以来，我国原煤产量保持回弹趋势。2011—2018 年间我国煤炭产

---

❶ 数据来源：肖新建. 2018 年煤炭供需形势分析及 2019 年展望. 中国能源，2019.

量及同比增速情况如图 1-8 所示。

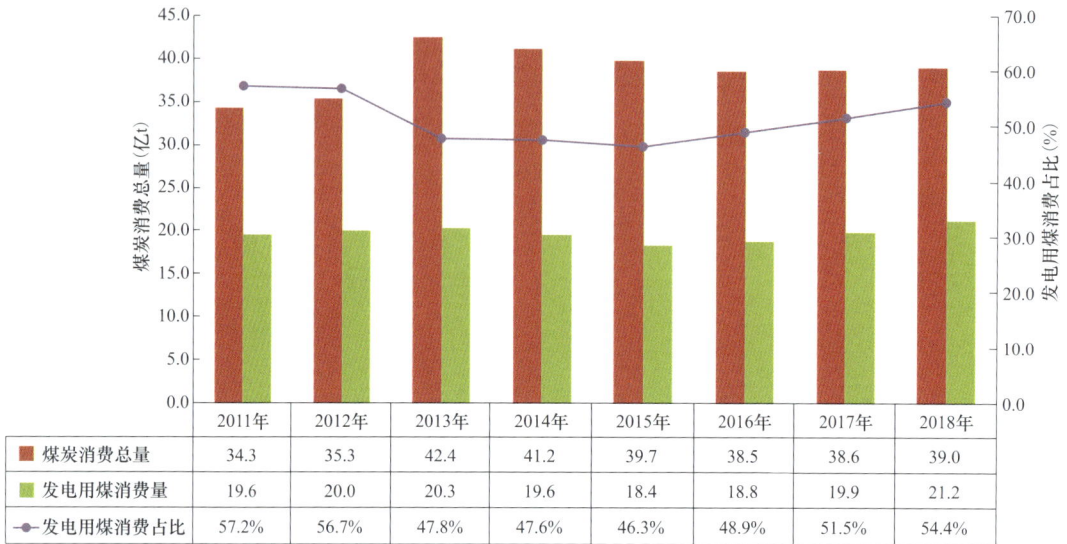

	2011年	2012年	2013年	2014年	2015年	2016年	2017年	2018年
煤炭消费总量	34.3	35.3	42.4	41.2	39.7	38.5	38.6	39.0
发电用煤消费量	19.6	20.0	20.3	19.6	18.4	18.8	19.9	21.2
发电用煤消费占比	57.2%	56.7%	47.8%	47.6%	46.3%	48.9%	51.5%	54.4%

图 1-7 2011—2018 年我国发电用煤消费情况

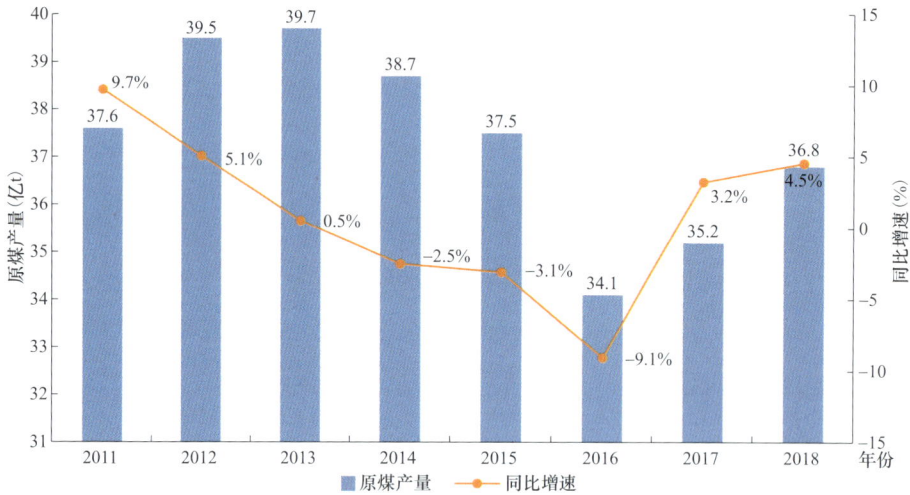

图 1-8 2011—2018 年间我国煤炭产量及同比增速情况

原煤生产主要分布在西部和北部，地域集中趋势明显。2018 年，内蒙古、山西、陕西规模以上煤炭企业原煤产量位居全国前三位，分别为 9.3 亿、8.9 亿 t 和 6.2 亿 t，分别较上年增长 5.4%、4.6% 和 9.4%。三省（自治区）原煤产量占全国规模以上煤炭企业原煤产量的 68.9%，较上年增加 2.1 个百分点。2018 年我国规模以上煤炭企业原煤产量分布情况如图 1-9 所示。

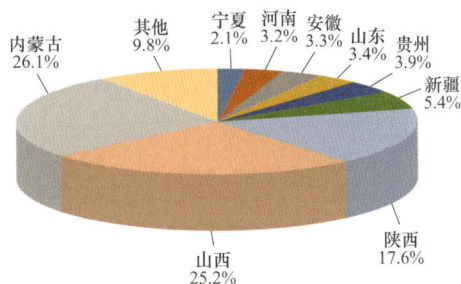

图 1-9 2018 年我国规模以上煤炭企业原煤产量分布情况

1.2.3 煤炭进出口

煤炭进口量继续增长，补充效应明显。 受煤炭去产能工作深入推进、煤炭需求持续增加等因素影响，2018 年煤炭进口量进一步增加，达到 2.8 亿 t，较上年增长 3.8%；煤炭出口量为 493 万 t，较上年减少 39.7%。全年煤炭净进口量为 2.76 亿 t，同比增长约 5.2%，增速较上年下降 1.3 个百分点。2011—2018 年我国煤炭进出口变化情况如图 1-10 所示。

	2011年	2012年	2013年	2014年	2015年	2016年	2017年	2018年
进口	22 220	28 841	32 702	29 120	20 406	25 543	27 090	28 123
出口	1466	928	751	574	533	879	817	493
净进口	20 754	27 913	31 951	28 546	19 873	24 664	26 273	27 630

图 1-10 2011—2018 年我国煤炭进出口变化情况

从进口来源来看，印度尼西亚、澳大利亚、蒙古、俄罗斯仍然是我国主要煤炭进口地。2018 年，四国煤炭进口量约占总进口量的 95.6%，比上年提高约

2.9 个百分点。从进口煤炭种类看，褐煤、其他烟煤和炼焦煤为主要进口煤炭品种，进口量分别为 9428.1 万、7650.0 万 t 和 6489.9 万 t，较上年同比增长 14.1%、0.4% 和 - 6.4%。无烟煤进口量下降幅度最大，约为 33.7%。2018 年我国煤炭进口情况如图 1 - 11 所示。

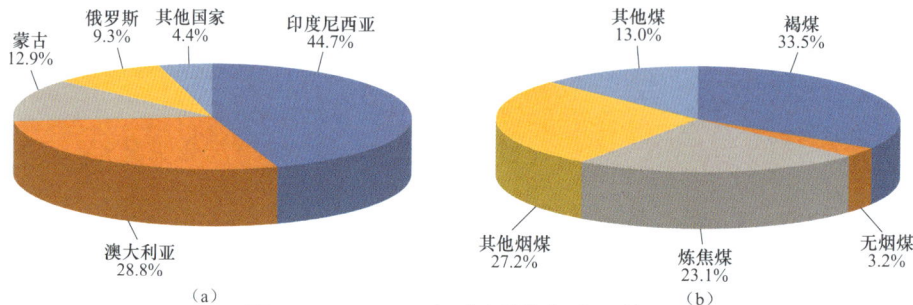

图 1 - 11　2018 年我国煤炭进口情况

（a）煤炭进口国分布；（b）进口煤炭种类

1.2.4　煤炭价格

煤炭价格继续维持高位。2018 年末，全国市场交易煤炭平均价格 684.3 元/t，比 2017 年末增长 21.1 元/t，同比上涨约 3.2%。2018 年全年煤炭价格整体波动程度较小。山西大同 5500kcal[1] 动力煤 2018 年价格维持在 430～525 元/t 之间；秦皇岛港 5500kcal 动力煤 2018 年末价格为 578 元/t，比 2017 年末减少 122 元/t；宁波港 5500kcal 动力煤价格波动范围较大，4 月最低煤价 435 元/t，1 月煤价最高达到 806 元/t。我国主要地区煤炭价格变化情况如图 1 - 12 所示。

电煤价格高位运行，逐渐趋稳。受气温变化、电力需求等因素影响，2018 年电煤价格指数[2] 总体保持高位稳定，在 515～567 元/t 之间，平均值为 531.0 元/t，较上年增长约 5.8%。受供暖季需求影响，2 月电煤价格达到最高点，约 567.2 元/t，之后随着煤炭产能利用率提高、库存调节能力增强，煤炭供应保障能力不断提

---

[1]　1cal≈4.18J。

[2]　中国电煤价格指数由国家发展改革委价格监测中心牵头编制、按月发布，主要反映燃煤发电企业电煤到厂价，监测区域覆盖全国 30 个省份（西藏除外）。

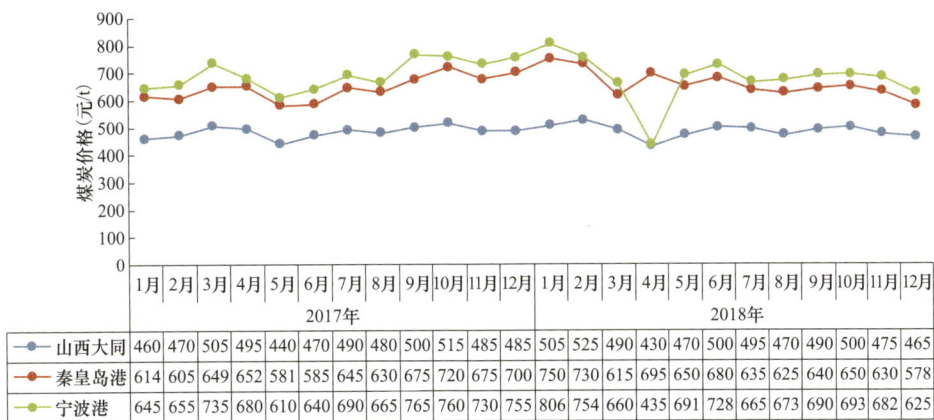

	1月	2月	3月	4月	5月	6月	7月	8月	9月	10月	11月	12月	1月	2月	3月	4月	5月	6月	7月	8月	9月	10月	11月	12月
						2017年												2018年						
山西大同	460	470	505	495	440	470	490	480	500	515	485	485	505	525	490	430	470	500	495	470	490	500	475	465
秦皇岛港	614	605	649	652	581	585	645	630	675	720	675	700	750	730	615	695	650	680	635	625	640	650	630	578
宁波港	645	655	735	680	610	640	690	665	765	760	730	755	806	754	660	435	691	728	665	673	690	693	682	625

图 1-12 我国主要地区煤炭价格变化情况

升，电煤价格逐渐走低并维持稳定。2018 年 8—12 月，电煤价格水平维持在 520 元/t 左右。2015—2018 年我国电煤价格指数变化对比如图 1-13 所示。

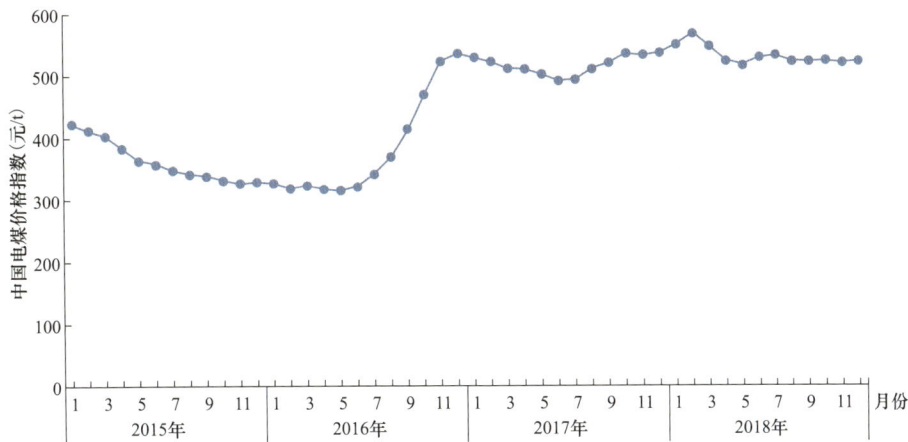

图 1-13 2015—2018 年电煤价格指数变化情况

1.2.5 煤炭运输

铁路煤炭发运量大幅增长，全年保持稳定。2018 年全国铁路发运煤炭 23.8 亿 t[1]，同比增加 2.2 亿 t，增长 10.3%。从逐月变化趋势看，每个月铁路煤炭发运量均高于上年同期水平，基本维持在 2.0 亿 t 左右。2017—2018 年我国铁路煤炭

---

[1] 数据来源：中国煤炭工业协会《2018 煤炭行业发展年度报告》。

发运量如图 1 - 14 所示。

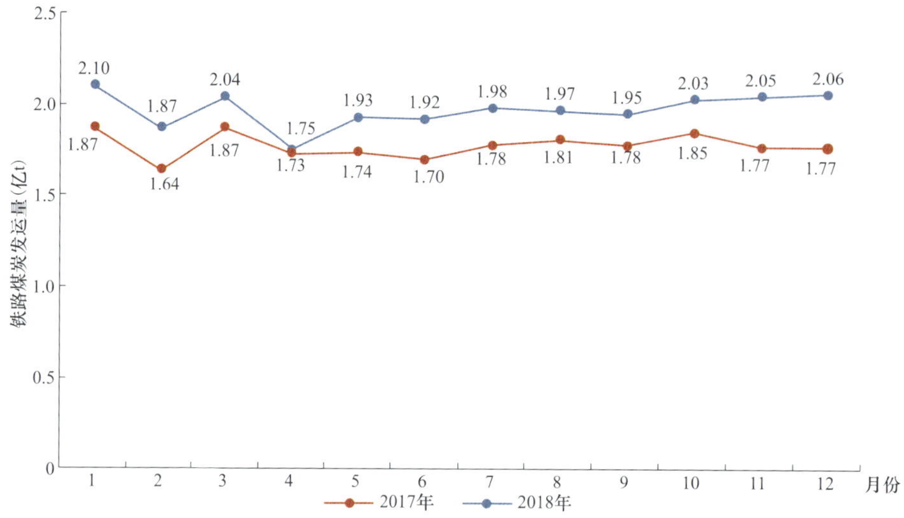

图 1 - 14　2017－2018 年我国铁路煤炭发运量

主要港口煤炭发运量小幅增长。 2018 年全国主要港口发运煤炭 7.5 亿 t，同比增长约 3.3%。其中，北方七港为我国煤炭转运主要区域，转运量约为 7.2 亿 t，较上年增加 4.3%，占全国总量的 95.4%。从逐月变化趋势看，除 3、4、12 月外，其他月份转运量均显著高于上年同期水平。2017－2018 年我国主要港口煤炭发运量如图 1 - 15 所示。

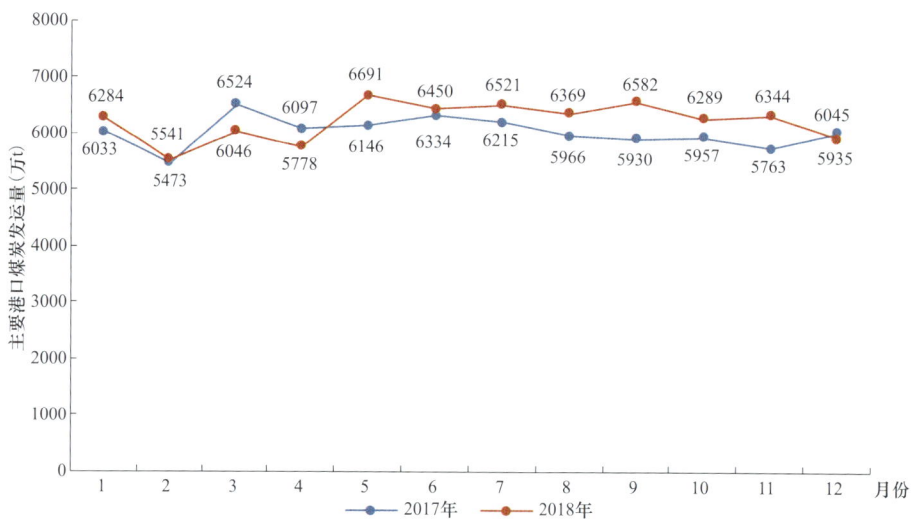

图 1 - 15　2017－2018 年我国主要港口煤炭发运量

1.3   天然气

　　受环保政策持续发力、高温天气等因素影响，2018 年天然气消费延续高速增长态势，"淡季不淡"特征明显。全年天然气产量有所增加，但产量提升程度仍低于需求增速。进口量创历史新高，突破千亿立方米。天然气价格机制进一步完善，储运体系建设持续推进。

1.3.1   天然气消费

　　天然气消费继续保持两位数增长态势。 受夏季高温天气、蓝天保卫战工作有效推进等因素影响，工业、电力等部门天然气需求大幅增加，天然气消费水平显著提升。2018 年全年天然气消费量约 2803 亿 m^3，较上年增长 17.5%。全年天然气消费增量约 417 亿 m^3，较上年增加 35.4%。2011－2018 年我国天然气消费量变化情况如图 1-16 所示。

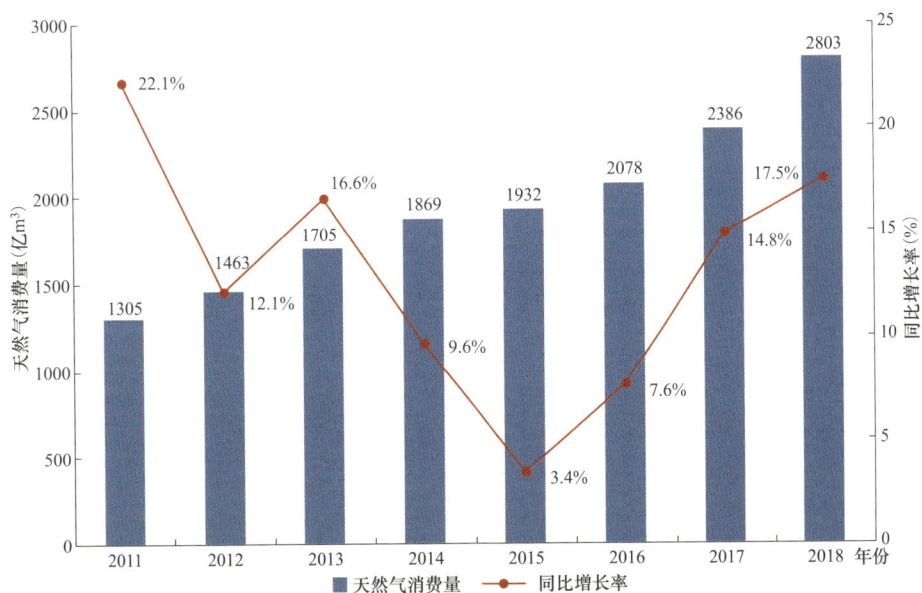

图 1-16   2011－2018 年我国天然气消费量变化情况

分季度看,"淡季不淡"特点突出,四季度天然气消费量仍然最高。 受供暖期煤改气项目拉动、大气污染防治行动深入推进影响,2018 年一季度、四季度全国天然气消费量分别为 690 亿 m³ 和 786 亿 m³,同比增长 17.4% 和 15.7%。在高温天气、工业用户避峰用气等因素共同影响下,二季度、三季度全国天然气消费量分别为 658 亿 m³ 和 669 亿 m³,同比增长 17.6% 和 19.6%。2018 年天然气消费季度变化情况如图 1-17 所示。

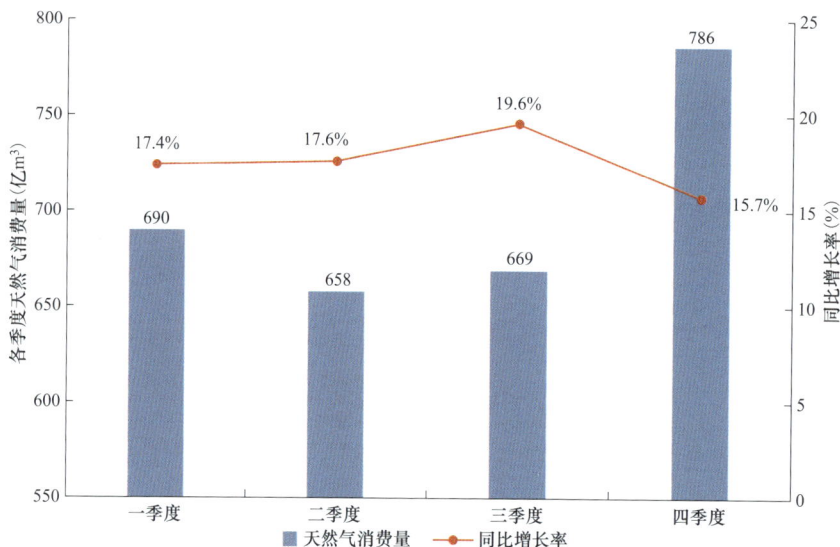

图 1-17　2018 年天然气消费季度变化情况

发电用气规模持续增长。 受全社会用电量持续上升、环保政策等因素影响,2018 年发电用气量继续增长,全年总消费量约 470 亿 m³,同比增长 10.1%。发电用气占天然气总消费量的比重约为 16.8%,较上年下降约 1.1 个百分点。2011—2018 年我国发电用气量如图 1-18 所示。

1.3.2　天然气供应

天然气产量稳步增长。 为满足天然气供应保障,在大气环境污染治理等环保政策的推动下,2018 年全年天然气我国天然气产量保持稳定增长。全年天然气产量达到 1610 亿 m³,同比增长 8.8%,增速较上年提高约 0.6 个百分点。相

	2011年	2012年	2013年	2014年	2015年	2016年	2017年	2018年
■ 发电用气量	240	260	302	270	284	366	427	470
■ 占比	18.4%	17.8%	17.7%	14.4%	14.7%	17.6%	17.9%	16.8%
▲ 同比增速	32.7%	8.3%	16.2%	−10.6%	5.2%	28.9%	16.7%	10.1%

图 1 - 18　2011—2018 年我国发电用气量

较旺盛的天然气需求，国内天然气产量增速仍较低，仍需要大规模进口天然气，以满足国内天然气耗用需要。2011—2018 年我国天然气生产变化情况如图1 - 19 所示。

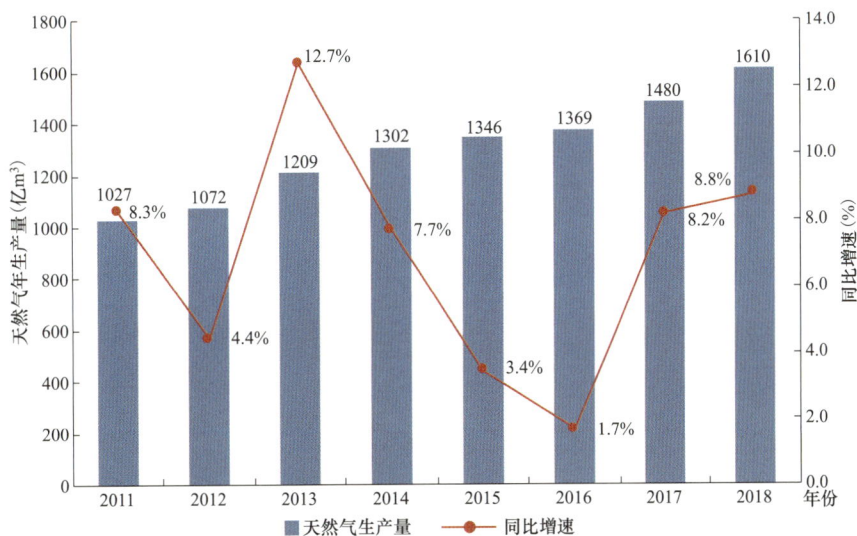

图 1 - 19　2011—2018 年我国天然气生产变化情况

天然气进口量增速创近年来新高，对外依存度接近 45%。2018 年我国天然气进口量突破千亿立方米，达到 1254 亿 m^3，同比增长 32.5%，增速创近年来新高。LNG 接收站投产规模达史上之最。总接卸能力达 6695 万 t/年，仅 2018 年新增能力就占到总能力的 15.8%。天然气对外依存度进一步扩大，升至 44.7%。2011－2018 年我国天然气进口量变化情况如图 1‑20 所示。

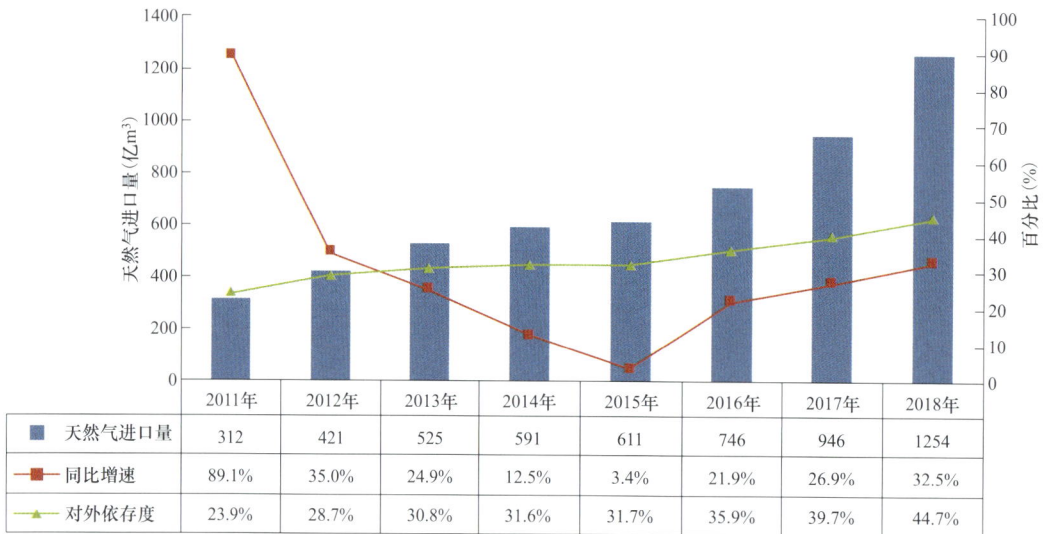

	2011年	2012年	2013年	2014年	2015年	2016年	2017年	2018年
天然气进口量	312	421	525	591	611	746	946	1254
同比增速	89.1%	35.0%	24.9%	12.5%	3.4%	21.9%	26.9%	32.5%
对外依存度	23.9%	28.7%	30.8%	31.6%	31.7%	35.9%	39.7%	44.7%

图 1‑20　2011－2018 年我国天然气进口量变化情况

1.3.3　天然气价格

天然气居民用气价格机制进一步完善。2018 年国家发展改革委发布了《国家发展改革委关于理顺居民用气门站价格的通知》，各省基准门站价格均做了新的调整。调整后的民用价格和工业价格更为接近。其中，新疆的基准门站价格为 1.04 元/m³，依旧最低；广东、上海基准门站价格最高，达到 2.06 元/m³。最高、最低门站价差已经超过 1 元/m³。

天然气进口价格保持上涨趋势。2018 年 1－11 月，进口管道气到岸均价约 1.5 元/m³，同比上涨约 10%，完税价格约 1.7 元/m³；LNG 到岸均价约 2.2 元/m³，同比上涨约 19%，完税价格约 2.5 元/m³。

1.3.4　天然气储运

天然气管网建设有序推进。从全国层面看，随着鄂安沧输气管道一期、蒙西管道一期、中缅管道支干线楚雄至攀枝花天然气管道等多项工程相继投产，我国天然气长输管道总里程达到 7.6 万 km。从区域层面看，广东、江西、海南等地多个天然气主干管网项目开工建设，预计于 2020 年投产。

储气库建设加快，储气规模与调节能力提升。随着《关于加快储气设施建设和完善储气调峰辅助服务市场机制的意见》等政策文件出台，储气设施建设推进速度加快，中国石油、中国石化等多家企业计划在四川、重庆、河南等多地新建储气设施，提升储气能力。2018 年，全国已建成 26 座地下储气库，调峰能力达 130 亿 m^3，较上年增加约 30 亿 m^3。

国家油气管网公司成立在即。2018 年 9 月，国务院出台的《关于促进天然气协调稳定发展的若干意见》提出"抓紧出台油气管网体制改革方案，推动天然气管网等基础设施向第三方市场主体公平开放"，为进一步推动油气体制改革指明了方向。2019 年 3 月，中央全面深化改革委员会第七次会议正式审议通过了《石油天然气管网运营机制改革实施意见》，明确指出"组建国有资本控股、投资主体多元化的石油天然气管网公司"。随着改革推进程度加快，预计中国石油、中国石化、中国海油等国有大型油气企业将逐步剥离、重组旗下管道资产，实现管输和销售分离，新组建的国家油气管网公司有望在 2019 年面世。

1.4　可再生能源资源

1.4.1　来水情况[1]

2018 年全国年降水量偏多，属丰水年份。2018 年全国平均年降水量 678.3mm，比常年偏多 7%。全国年降水资源总量为 63 937 亿 m^3，比常年偏多 4174 亿 m^3，

---

[1]　资料来源：中国气象局《2018 年中国气候公报》。

属于丰水年份，其中黑龙江、四川、甘肃、青海、宁夏属于异常丰水年份。从地区降水量来看，2018 年，全国有 21 个省（区、市）降水量偏多，其中宁夏偏多 42%；10 个省（区、市）降水量偏少，其中辽宁偏少 17%，江西偏少 8%。2018 年各省（区、市）降水量增减情况如图 1-21 所示。

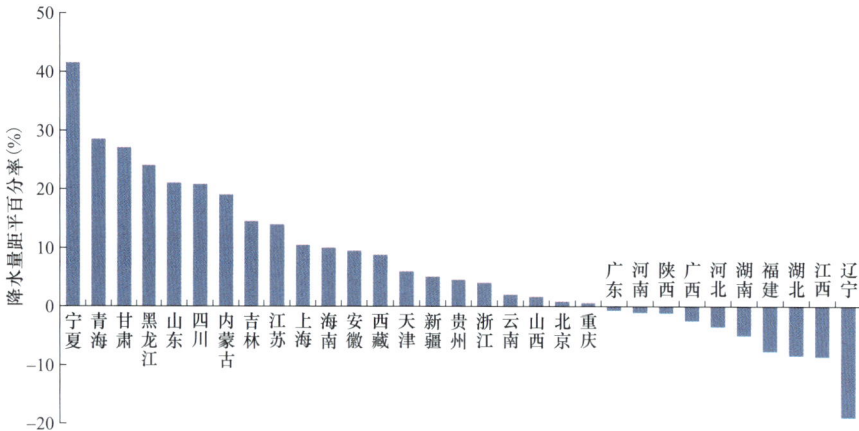

图 1-21　2018 年各省（区、市）降水量增减百分比

1.4.2　来风情况[❶]

全国陆地 70m 高度风速和风功率密度与上年年基本持平。 2018 年全国陆地 70m 高度层平均风速均值约为 5.5m/s，与 2017 年基本相同。内蒙古、西藏、吉林等 16 个省（区、市）年平均风速超过 5.0m/s。全国陆地 70m 高度层年平均风功率密度为 237.1W/m²，比上年高 1.4%。其中，超过 300W/m² 的区域主要分布在内蒙古、黑龙江、吉林、辽宁等省（区）。从各省（区、市）风能资源分布来看，多数地区陆地 70m 高度风功率密度接近常年均值，仅上海和海南偏小，分别偏小 10.4% 和 6.4%；重庆、山西、黑龙江等 9 个省（区、市）偏大，其中重庆偏大最多，约 12.5%。2018 年各省（区、市）平均风速和平均风功率密度如图 1-22 所示。

---

❶　资料来源：中国气象局《2018 年中国风能太阳能资源年景公报》。

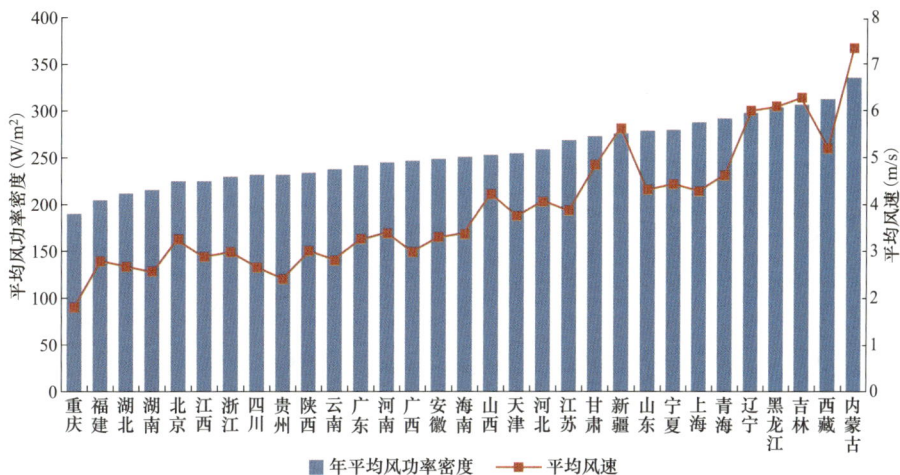

图 1 - 22   2018 年各省（市、区）平均风速和平均风功率密度

1. 4. 3   太阳能光照情况[1]

2018 年全国陆地表面年平均水平面总辐射量较上年偏低，也低于近十年均值。2018 年，全国陆地表面年平均水平面总辐射量约为 1486.5kW·h/m²，比 2017 年水平低 6.9kW·h/m²，这一水平也略低于近十年平均值（1494.1kW·h/m²）。从年水平面总辐照量距平的地域分布看，总体上呈现出"中东部偏高、西部偏低"的特点，地域差异并不明显，河南、天津、福建等地较常年均值超过 4%。2008－2018 年全国地表太阳总辐射量变化情况如图 1 - 23 所示。

最佳斜面辐射量和固定式光伏电站首年利用小时数相对偏低。2018 年，全国平均最佳斜面总辐射量为 1726.9kW·h/m²，较近十年平均值少 11.6kW·h/m²，比 2017 年水平低 8.4kW·h/m²。全国平均固定式光伏电站首年利用小时数为 1381.5h，较近十年平均值偏低 0.7%。从地域分布看，新疆东部、西藏大部、青海、甘肃中西部、内蒙古等地的年最佳斜面总辐射量超过 1800kW·h/m²，首年利用小时数在 1500h 以上。重庆南部、贵州东北部年最佳斜面总辐射量在

---

[1]   资料来源：中国气象局《2018 年中国风能太阳能资源年景公报》。

1000kW·h/m² 以下，首年利用小时数小于 900h。

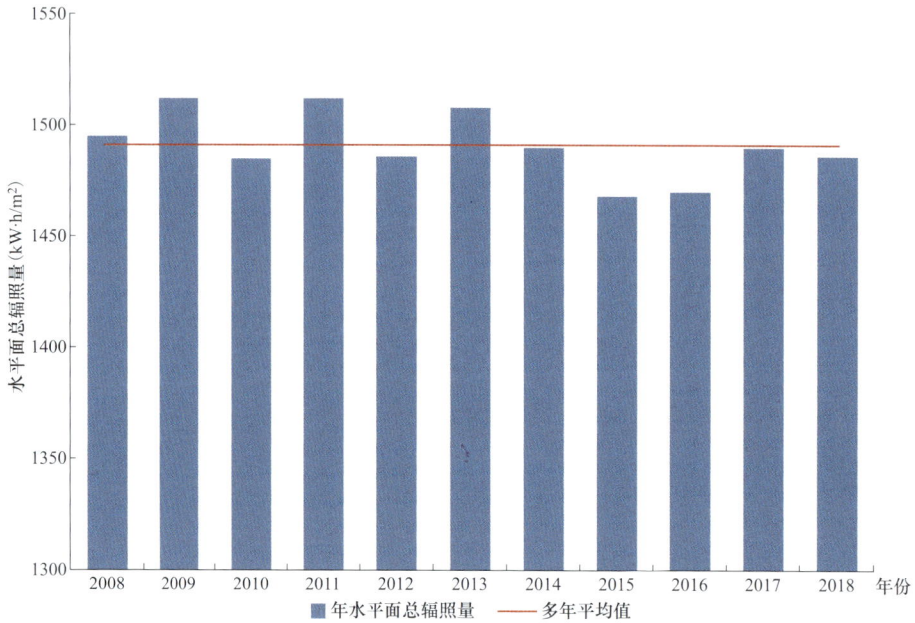

图 1-23 2008—2018 年全国地表太阳总辐射量变化情况

2

2018 年电源发展情况

章节要点

电源装机规模稳步增长，非化石能源发电成为新增装机主体。截至 2018 年底，全国发电装机总规模达到 19.0 亿 kW，同比增长 6.9%，新增发电装机规模连续第六年超过 1 亿 kW。太阳能发电装机增速最快，非化石能源新增装机规模超过 8300 万 kW，占新增总装机的 68.3%。

火电产能继续向西北地区转移，近一半新能源新增装机集中在东中部。2018 年，西北地区新增火电装机约 1209 万 kW，占全国新增火电装机总规模的 31%。新能源开发重心继续转向东中部地区，华北、华东地区新增新能源装机总规模超过 3200 万 kW，约占新增风光装机总规模的 50%。

全年发电量保持快速增长，非化石能源发电占比小幅提升。2018 年全国累计完成发电量约 7.0 万亿 kW·h，实现了 2012 年以来的最快增长。其中，非化石能源发电量占比达 29.6%，同比提高约 0.6 个百分点。

发电设备利用水平全面提升，火电机组供电煤耗继续下降。2018 年全国发电设备利用小时数增加约 72h，各类电源年利用小时数均有不同程度提升。火电机组平均供电标准煤耗达到 308g/（kW·h），同比下降约 0.3%。

2.1   电源建设

2.1.1   总体概况

电源装机规模稳步增长，增速进一步放缓。2018 年，全年新增发电装机 1.2 亿 kW，这也是自 2013 年起连续第六年新增发电装机超过 1 亿 kW。截至 2018 年底，我国发电装机总容量达 19.0 亿 kW，同比增长 6.9%，较上年降低 0.8 个百分点。"十三五"以来，我国电源装机总体保持稳定增长，装机容量累计增加 3.7 亿 kW，年均增速为 7.6%。2011－2018 年全国发电装机容量及同比增速如图 2-1 所示。

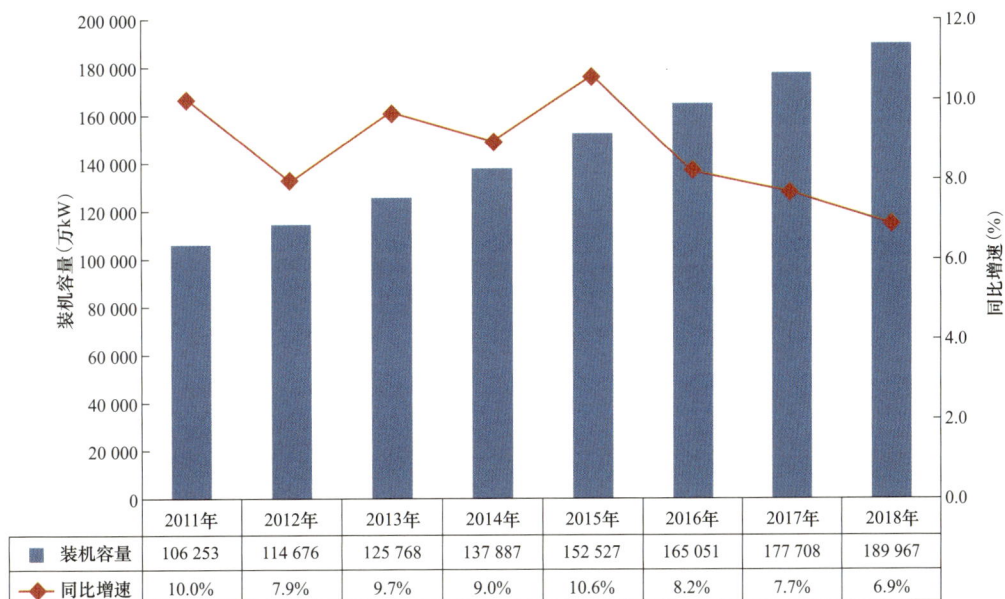

	2011年	2012年	2013年	2014年	2015年	2016年	2017年	2018年
装机容量	106 253	114 676	125 768	137 887	152 527	165 051	177 708	189 967
同比增速	10.0%	7.9%	9.7%	9.0%	10.6%	8.2%	7.7%	6.9%

图 2-1   2011－2018 年全国发电装机容量及同比增速❶

发电装机结构持续调整，非化石能源发电装机占比稳中有升。截至 2018 年

---

❶ 本报告中 2011－2017 年电力数据来自中国电力企业联合会历年的《电力工业统计资料汇编》，2018 年数据来自《2018 年全国电力工业统计快报》。

底，我国非化石能源装机占比达到 39.8%，同比提高约 2.0 个百分点。其中，水电占比仍然位居首位，约 18.5%；风电装机位居其后，约 9.7%；太阳能发电延续良好发展态势，装机占比增速最快，较上年提高约 1.9 个百分点。2011—2018 年全国电源装机结构变化情况如图 2-2 所示。

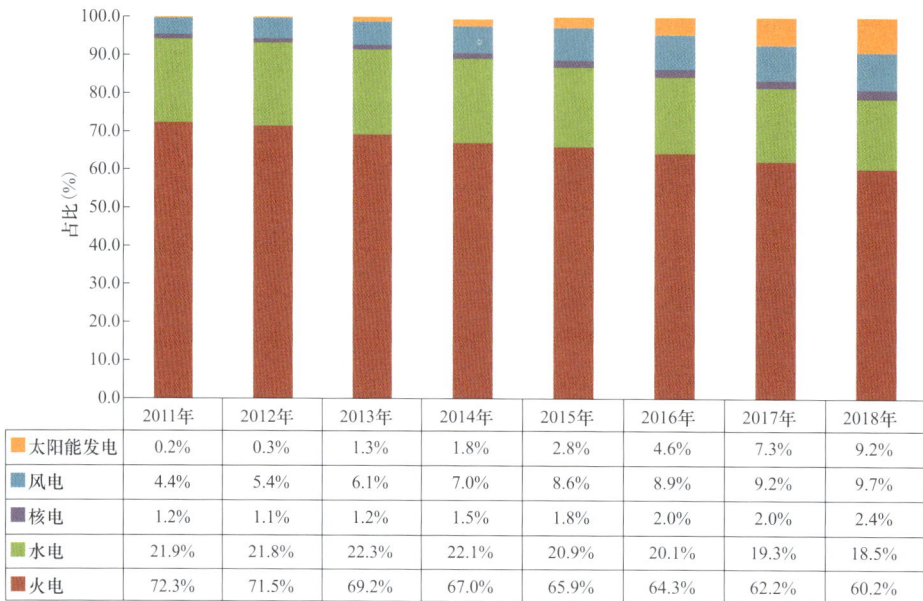

	2011年	2012年	2013年	2014年	2015年	2016年	2017年	2018年
太阳能发电	0.2%	0.3%	1.3%	1.8%	2.8%	4.6%	7.3%	9.2%
风电	4.4%	5.4%	6.1%	7.0%	8.6%	8.9%	9.2%	9.7%
核电	1.2%	1.1%	1.2%	1.5%	1.8%	2.0%	2.0%	2.4%
水电	21.9%	21.8%	22.3%	22.1%	20.9%	20.1%	19.3%	18.5%
火电	72.3%	71.5%	69.2%	67.0%	65.9%	64.3%	62.2%	60.2%

图 2-2　2011—2018 年全国电源装机结构变化情况

电源装机的地域分布格局基本保持不变。2018 年，华北、华东、南方等地区电源装机规模仍然最大，三个区域电源装机总量约占全国的 60.4%。其中，华北区域装机规模占比最高，约为 23.5%，这一比例基本与上年持平。东北、西南地区装机规模占比分别为 6.0% 和 6.6%。2017—2018 年全国电源装机地域分布情况如图 2-3 所示。

2.1.2　火电建设

　　火电装机增速进一步回落。受严控煤电发展规模等政策影响，2018 年，我国新增火电装机 3872 万 kW，同比下降 12.0%，占新增装机总量的 31.6%，较上年减少 4.3 个百分点。截至 2018 年底，火电装机容量达 11.4 亿 kW，同比增长

3.5％。"十三五"以来，火电装机年增速逐步趋缓，2018 年装机增速相较 2015 年下降约 5.4 个百分点。2011－2018 年火电发展规模及变化趋势如图 2-4 所示。

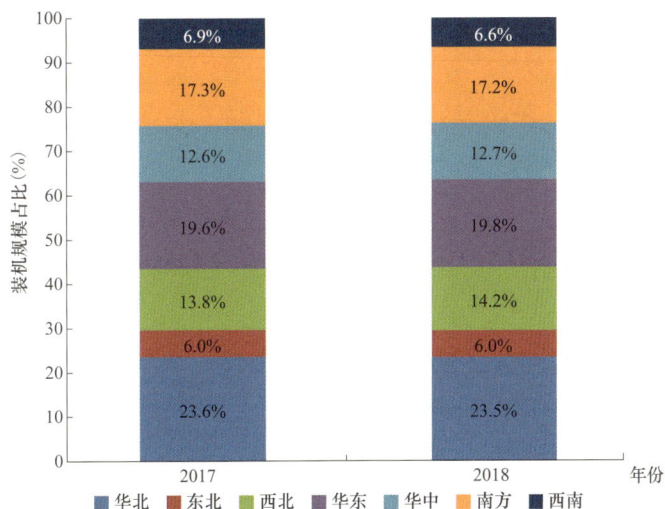

图 2-3   2017－2018 年全国电源装机地域分布情况

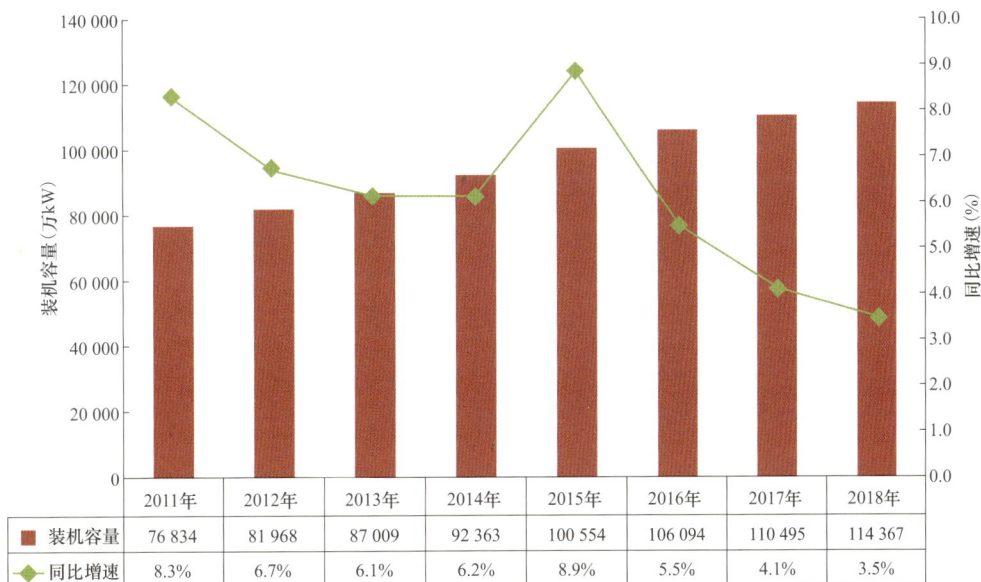

	2011年	2012年	2013年	2014年	2015年	2016年	2017年	2018年
装机容量	76 834	81 968	87 009	92 363	100 554	106 094	110 495	114 367
同比增速	8.3%	6.7%	6.1%	6.2%	8.9%	5.5%	4.1%	3.5%

图 2-4   2011－2018 年火电发展规模及变化趋势

从区域分布看，西北和华东是 2018 年我国新增火电装机最多的地区。其中，西北地区新增火电 1209 万 kW，占全国新增火电装机的 31.2％；华东地区新增火电 902 万 kW，占全国新增火电装机的 23.3%。截至 2018 年底，累计装机容量最多的为华北和华东地区，分别为 32 485 万 kW 和 26 864 万 kW，分别占全国火电总装机的 28.4% 和 23.5%。2017—2018 年全国各地区火电装机分布情况如图 2-5 所示。

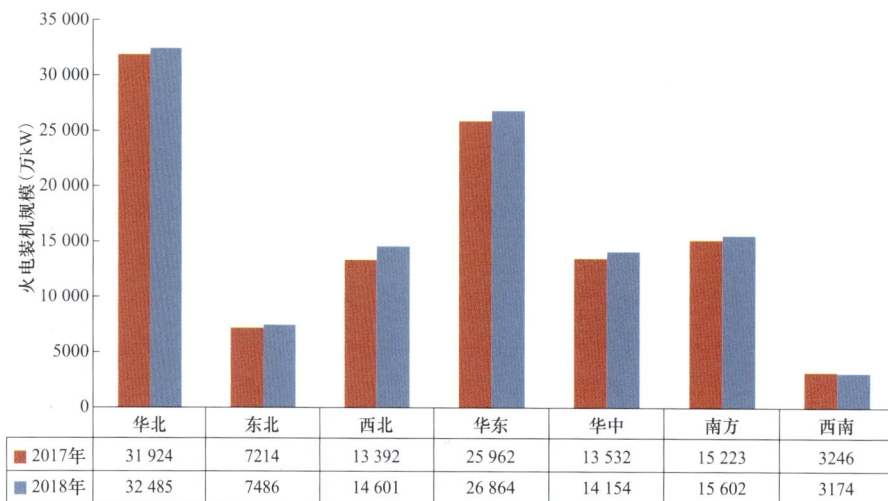

	华北	东北	西北	华东	华中	南方	西南
2017年	31 924	7214	13 392	25 962	13 532	15 223	3246
2018年	32 485	7486	14 601	26 864	14 154	15 602	3174

图 2-5　2017—2018 年全国各地区火电装机分布情况

从省份分布看，山东和江苏是我国火电装机容量最大的两个省份，分别为 10 367 万 kW 和 9749 万 kW，内蒙古和广东的装机规模超过 8000 万 kW。火电装机容量最小的仍旧为海南、青海和西藏，分别为 465 万、379 万 kW 和 42 万 kW。2018 年底全国各省（区、市）火电装机分布情况如图 2-6 所示。

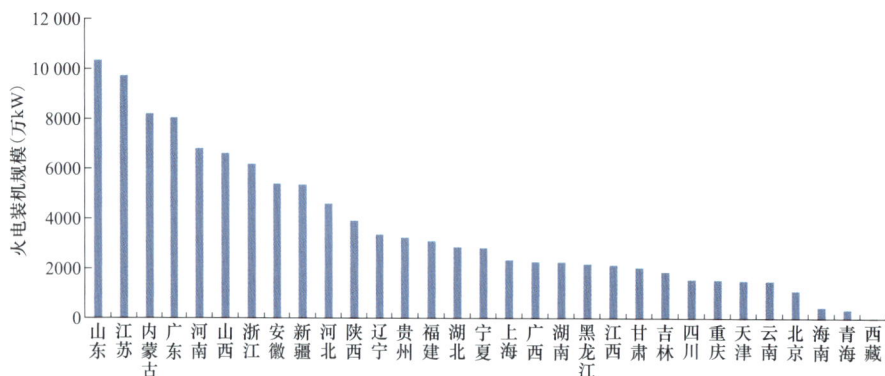

图 2-6　2018 年底全国各省（区、市）火电装机分布情况

2.1.3 水电建设

水电装机增长趋缓。2018 年，全年新增水电装机 867 万 kW，同比下降 24.7%，占新增装机总量的 7.1%，较上年降低约 2.0 个百分点。截至 2018 年底，水电装机容量达到 3.5 亿 kW，同比增长 2.5%，较上年减少约 1.0 个百分点，从 2014 年起连续第五年增速放缓。2011－2018 年水电发展规模及变化趋势如图 2-7 所示。

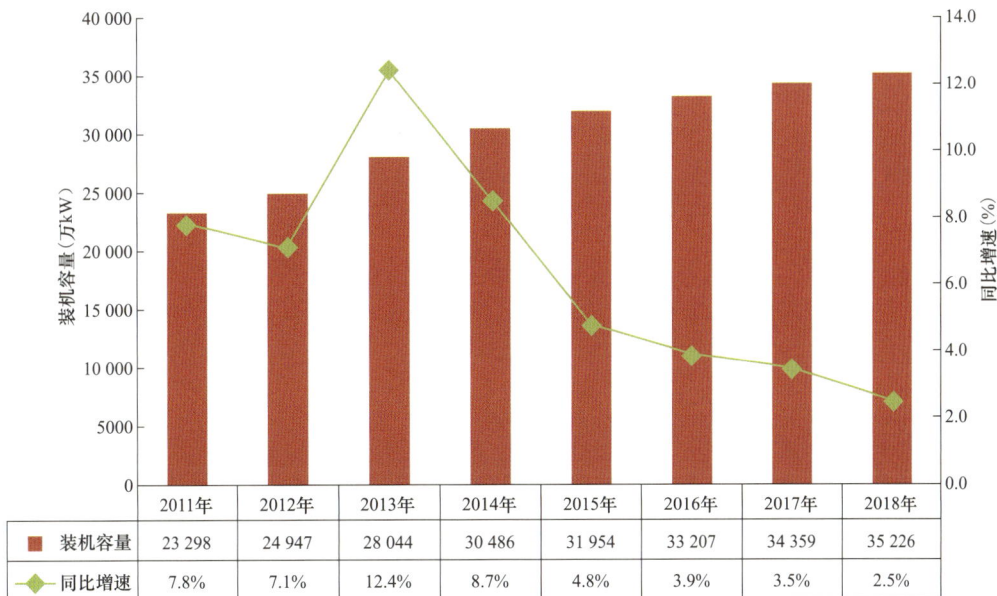

	2011年	2012年	2013年	2014年	2015年	2016年	2017年	2018年
■ 装机容量	23 298	24 947	28 044	30 486	31 954	33 207	34 359	35 226
◆ 同比增速	7.8%	7.1%	12.4%	8.7%	4.8%	3.9%	3.5%	2.5%

图 2-7　2011－2018 年水电发展规模及变化趋势

从区域分布看，南方地区为我国新增水电装机主要分布区域，新增规模为 569 万 kW，占全国新增水电装机的比重约 65.6%。西北和西南地区新增水电装机规模分别位列第二和第三，新增占比分别为 17.9% 和 14.8%。截至 2018 年底，南方地区和西南地区水电装机总规模最大，分别为 12 238 万 kW 和 8737 万 kW，二者之和占全国水电总容量的 59.5%。2017－2018 年全国各地区水电装机分布情况如图 2-8 所示。

	华北	东北	西北	华东	华中	南方	西南
2017年	875	778	3093	3042	6255	11 669	8608
2018年	854	788	3248	3060	6300	12 238	8737

图 2-8　2017—2018 年全国各地区水电装机分布情况

　　从省份分布看，四川、云南水电装机规模位居全国前两位，分别为 7824 万 kW 和 6666 万 kW。湖北、贵州水电装机容量紧随其后，分别为 3675 万 kW 和 2212 万 kW。2018 年新增抽水蓄能装机 130 万 kW，主要分布在广东和海南，新增规模分别为 90 万 kW 和 40 万 kW。2018 年底全国各省（区、市）水电装机分布情况如图 2-9 所示。

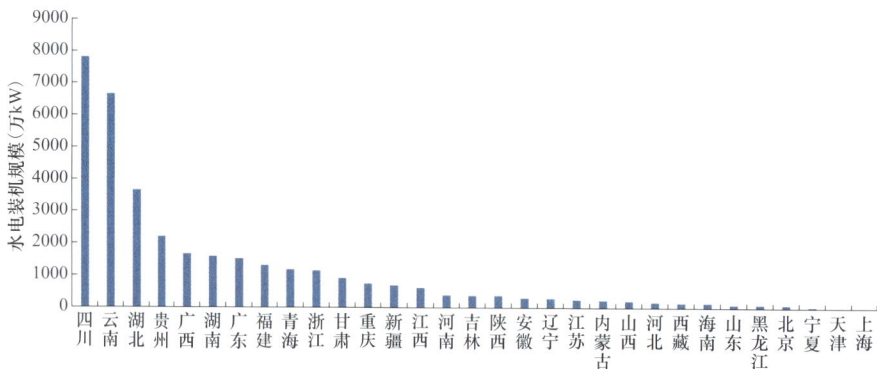

图 2-9　2018 年底全国各省（区、市）水电装机分布情况

2.1.4   核电建设

核电装机规模大幅增长。2018 年，核电新增装机规模合计为 884 万 kW，约为上年新增规模的 4 倍，创历史新高。田湾 3 号和 4 号机组、阳江 5 号机组、三门 1 号和 2 号机组、海阳 1 号机组、台山 1 号机组等 7 台核电机组正式投入运行。其中，台山 1 号、三门 1 号分别是全球首台投入商运的 EPR 和 AP1000 三代核电机组。截至 2018 年底，核电装机容量达 4466 万 kW，同比增长 24.7%，增速较上年提高 18.2 个百分点。2011－2018 年我国核电发展规模及变化趋势如图 2-10 所示。

	2011年	2012年	2013年	2014年	2015年	2016年	2017年	2018年
装机容量	1257	1257	1466	2008	2717	3364	3582	4466
同比增速	16.1%	0.0%	16.6%	37.0%	35.3%	23.8%	6.5%	24.7%

图 2-10   2011－2018 年我国核电发展规模及变化趋势

从省份分布看，截至 2018 年底，核电装机分布于我国 8 个省（区、市），分别为浙江、广东、江苏、辽宁、福建、广西、海南、山东。从装机规模来看，广东、浙江两省核电装机规模最大，分别为 1330 万 kW 和 908 万 kW，分别占全国总装机容量的 29.8% 和 20.3%。2011－2018 年我国核电装机容量变化情况见表 2-1。

表 2 - 1　　　　　　2011－2018 年我国核电装机容量变化情况　　　　万 kW

年份	2011	2012	2013	2014	2015	2016	2017	2018
合计	1257	1257	1466	2008	2717	3364	3582	4466
浙江	433	433	433	548	657	657	657	908
秦山第一核电	31	31	31	31	31	31	31	31
秦山第二核电	262	262	262	262	262	262	262	262
秦山第三核电	140	140	140	146	146	146	146	146
方家山核电				109	218	218	218	218
三门核电								250
广东	612	612	612	721	830	938	1047	1330
大亚湾核电	197	197	197	197	197	197	197	197
岭澳核电	415	415	415	415	415	415	415	415
阳江核电				109	218	326	434	542
台山核电								175
江苏	212	212	212	212	212	212	212	437
田湾核电	212	212	212	212	212	212	212	437
辽宁			100	200	300	448	448	448
红沿河核电			100	200	300	448	448	448
福建			109	327	545	763	871	871
宁德核电			109	218	327	436	436	436
福清核电				109	218	327	436	436
广西				109	217	217	217	217
防城港核电				109	217	217	217	217
海南				65	130	130	130	130
昌江核电				65	130	130	130	130
山东								125
海阳核电								125

2.1.5　风电建设

　　风电装机保持快速增长。2018 年，风电新增装机 2101 万 kW，同比增长超过

30%，占新增装机总量的 17.1%。截至 2018 年底，风电装机容量达 1.8 亿 kW，同比增长 12.9%，较上年增加约 2.2 个百分点，保持了两位数的增长态势。其中，海上风电发展尤为迅速，2018 年累计装机容量达到 363 万 kW，同比增长 63%。2011—2018 年风电发展规模及变化趋势如图 2-11 所示。

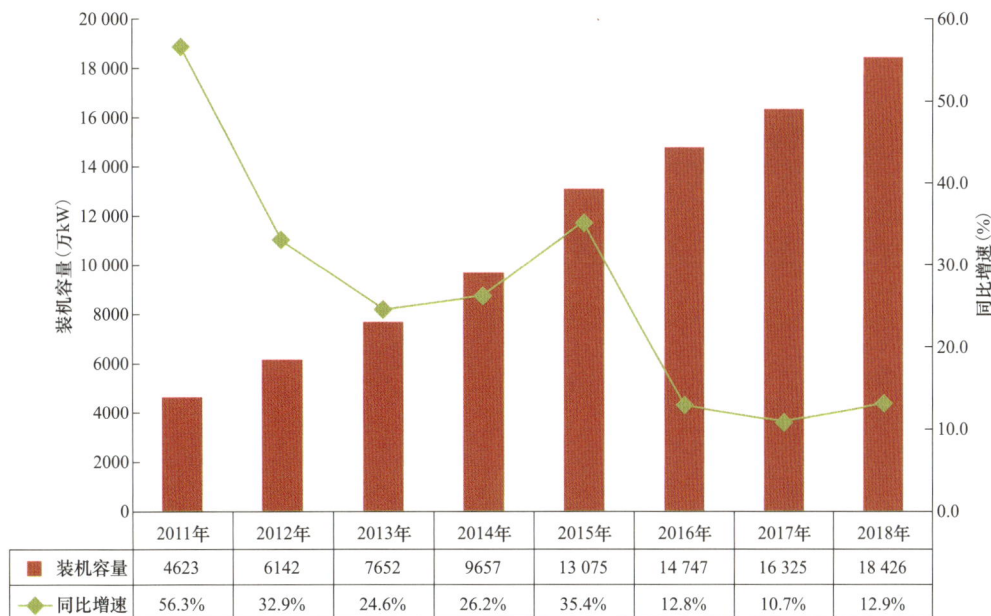

	2011年	2012年	2013年	2014年	2015年	2016年	2017年	2018年
■ 装机容量	4623	6142	7652	9657	13 075	14 747	16 325	18 426
◆ 同比增速	56.3%	32.9%	24.6%	26.2%	35.4%	12.8%	10.7%	12.9%

图 2-11　2011—2018 年风电发展规模及变化趋势

从区域分布看，2018 年我国新增风电装机最多的地区为华北和华中，分别达 687 万 kW 和 454 万 kW，分别占全国风电新增装机容量的 32.7%、21.6%。西北和华东新增风电装机规模位居其后，均超过 300 万 kW。截至 2018 年底，我国"三北"地区风电装机规模约为 1.3 亿 kW，约占全国风电装机总规模的 72.1%，较上年下降约 2.2 个百分点。2017—2018 年全国各地区风电装机分布情况如图 2-12 所示。

从省份分布看，内蒙古风电装机规模已超过 2500 万 kW，位居全国首位。新疆、河北、甘肃、山东、山西、宁夏 6 个省（区）的风电装机规模均超过 1000 万 kW。上述 7 个省（区）的风电装机总规模占全国风电总装机规模的一

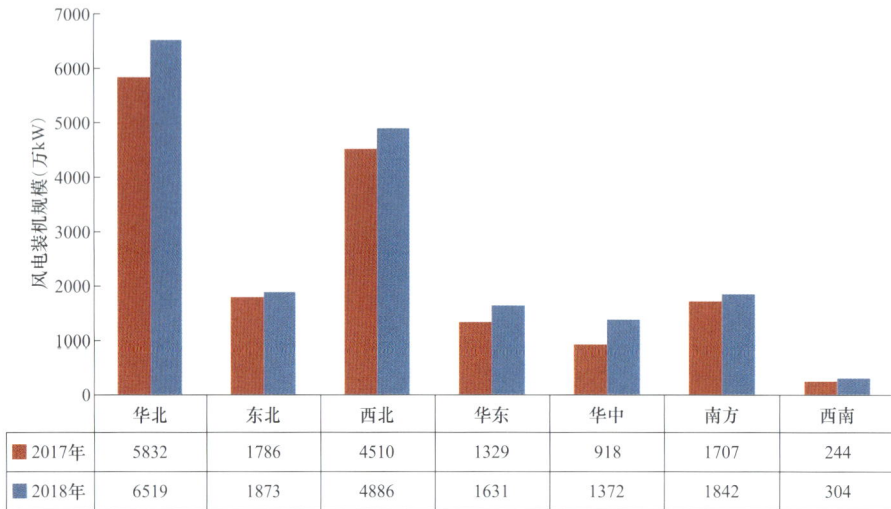

	华北	东北	西北	华东	华中	南方	西南
2017年	5832	1786	4510	1329	918	1707	244
2018年	6519	1873	4886	1631	1372	1842	304

图 2-12　2017－2018 年全国各地区风电装机分布情况

半以上，约为 57.9％。江苏、上海、福建和天津成为海上风电的主要分布地区，海上风电装机总规模分别达到 303 万、31 万、20 万 kW 和 9 万 kW。2018年底全国各省（区、市）风电装机分布情况如图 2-13 所示。

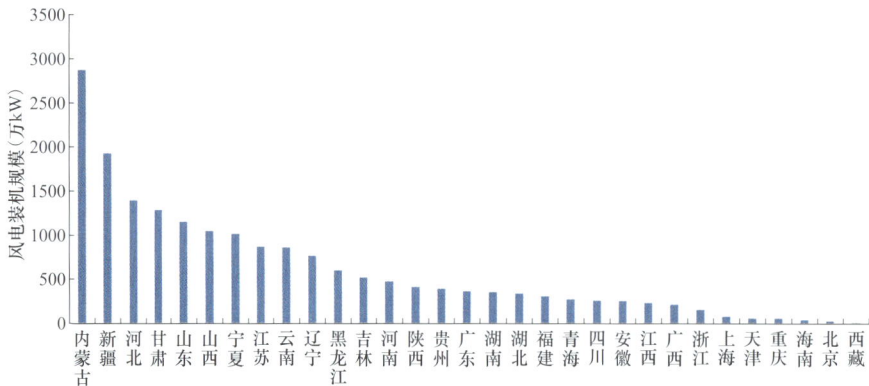

图 2-13　2018 年底全国各省（区、市）风电装机分布情况

2.1.6　太阳能发电建设

太阳能发电装机增长速度放缓，但仍是新增电源装机主体。受国家《关于2018 年光伏发电有关事项的通知》等政策影响，2018 年太阳能发电装机规模

受到控制，全年新增装机 4521 万 kW，同比下降 14.9%。虽然新增规模有所下降，但太阳能发电仍是拉动全国电源装机增长的重要力量，新增装机约为全国新增总量的 36.9%。截至 2018 年底，太阳能发电装机容量达 1.7 亿 kW，同比增长 34.9%。2011—2018 年太阳能发电发展规模及变化趋势如图 2-14 所示。

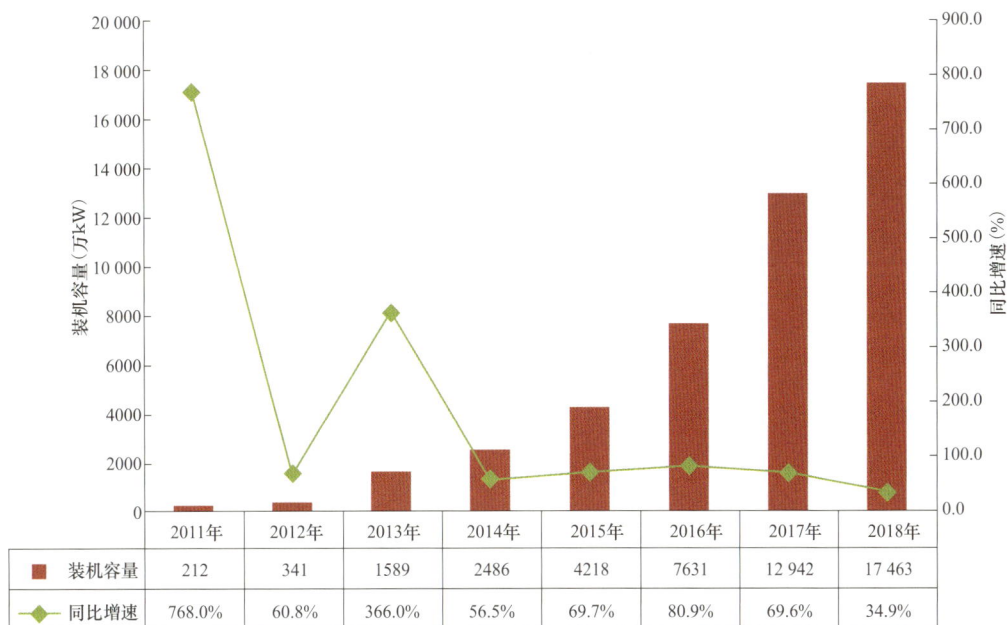

	2011年	2012年	2013年	2014年	2015年	2016年	2017年	2018年
装机容量	212	341	1589	2486	4218	7631	12 942	17 463
同比增速	768.0%	60.8%	366.0%	56.5%	69.7%	80.9%	69.6%	34.9%

图 2-14   2011—2018 年太阳能发电发展规模及变化趋势

从区域分布看，2018 年新增太阳能发电装机主要集中在华北和华东地区，新增规模分别为 1227 万 kW 和 1066 万 kW，分别占全国太阳能发电新增规模的 27.1% 和 23.6%。截至 2018 年底，太阳能发电装机规模最大地区为华北地区，达 4573 万 kW，约为全国总装机的 26.2%；其次为西北地区，达 4326 万 kW，装机占比约为 24.8%。2017—2018 年全国各地区太阳能发电装机分布情况如图 2-15 所示。

从省份分布看，2018 年，山东省太阳能发电装机规模仍然最高，约为 1361 万 kW。江苏、河北、浙江、安徽等省份太阳能发电装机规模均超过 1000 万 kW。上述 5 个省份太阳能发电装机总规模达 6183 万 kW，约为全国的

35.4％。2018 年底全国各省（区、市）太阳能发电装机分布情况如图 2‐16 所示。

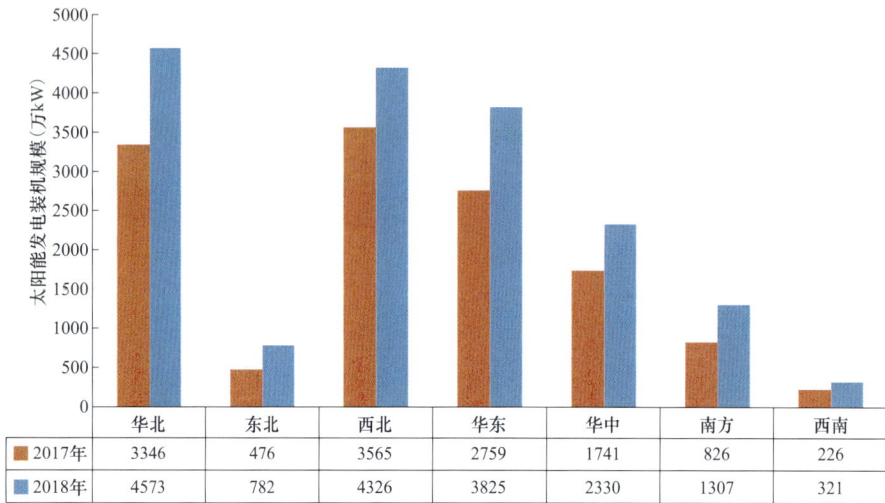

	华北	东北	西北	华东	华中	南方	西南
2017年	3346	476	3565	2759	1741	826	226
2018年	4573	782	4326	3825	2330	1307	321

图 2‐15　2017－2018 年全国各地区太阳能发电装机分布情况

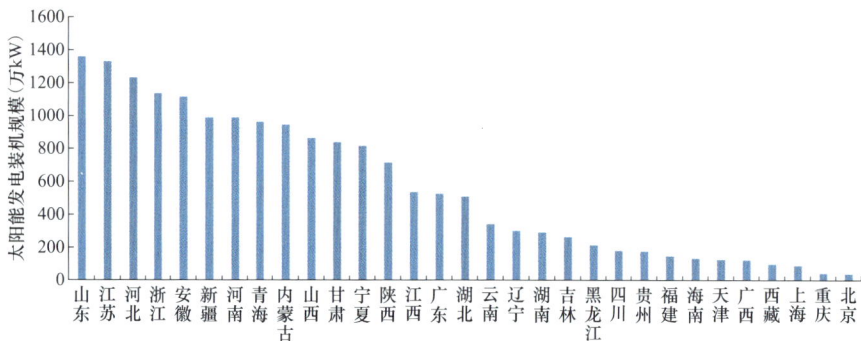

图 2‐16　2018 年底全国各省（区、市）太阳能发电装机分布情况

2.2　电力生产

发电量呈现快速增长态势，非化石能源发电占比小幅提升。在用电消费快速增长、煤电去产能工作深入推进、可再生能源消纳水平稳步提高等因素影响下，2018 年各类电源发电量、发电利用小时数均有不同程度的提升，非化石能源发电量占比接近 30％。

40

2.2.1 全年发电量

2018 年，我国全年累计完成发电量约 7.0 万亿 kW·h，同比增长 9.0％，增速较上年提高约 2.4 个百分点，实现了 2012 年以来的最快增长。其中，**火电发电量占比仍然最高**，全年完成发电量 4.9 万亿 kW·h，同比增长 18.6％，占比达 70.4％；**新能源发电保持快速增长**，太阳能完成发电量约 0.2 万亿 kW·h，同比增长 52.2％；风电完成发电量 0.4 万亿 kW·h，同比增长 20.6％。**非化石能源发电占比稳中有升**，全年发电量约为 2.1 万亿 kW·h，在总发电量中的比重由 2017 年的 29.0％上升至 2018 年的 29.6％。2018 年全国电力生产量及构成见表 2-2，2011－2018 年全国发电量及增速情况如图 2-17 所示。

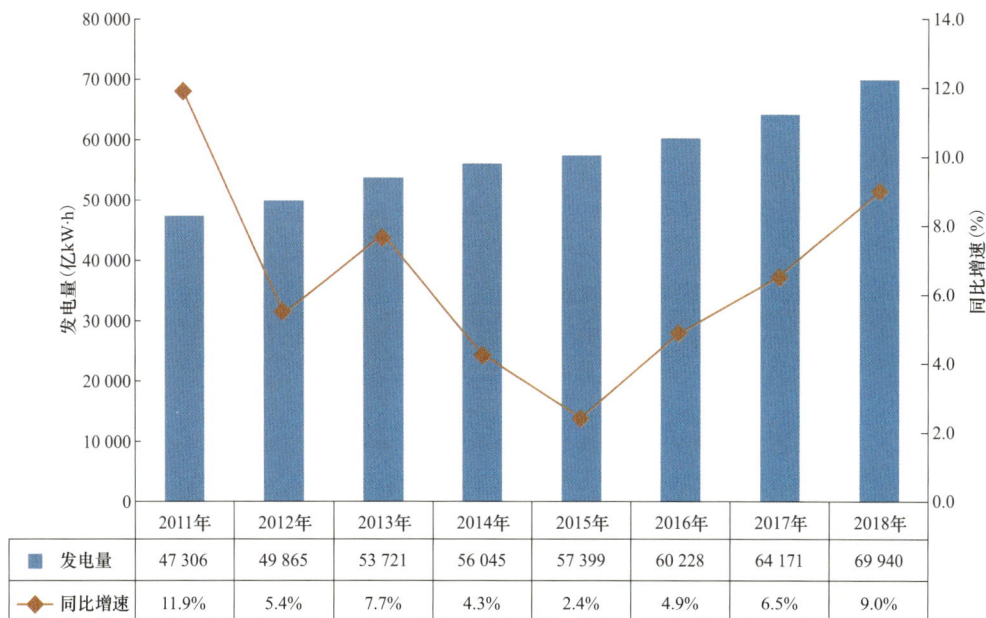

	2011年	2012年	2013年	2014年	2015年	2016年	2017年	2018年
发电量	47 306	49 865	53 721	56 045	57 399	60 228	64 171	69 940
同比增速	11.9%	5.4%	7.7%	4.3%	2.4%	4.9%	6.5%	9.0%

图 2-17 2011－2018 年全国发电量及增速情况

表 2-2   2018 年全国电力生产量及构成

电源类型	发电量 （万亿 kW·h）	同比增长 （％）	结构占比 （％）
水电	1.2	3.3	17.6

41

续表

电源类型	发电量 （万亿 kW·h）	同比增长 （%）	结构占比 （%）
火电	4.9	18.6	70.4
核电	0.3	18.7	4.2
风电	0.4	20.6	5.2
太阳能发电	0.2	52.2	2.6
合计	7.0	9.0	100.0

从区域分布看，2018 年，华北地区发电量最多，约 1.4 万亿 kW·h，约占全国总发电量的 20.0%；西北地区发电量增速最快，新增发电量约 1245 亿 kW·h，发电增速约为 15.6%。2017－2018 年各区域累计完成发电量与增速情况如图 2-18 所示。

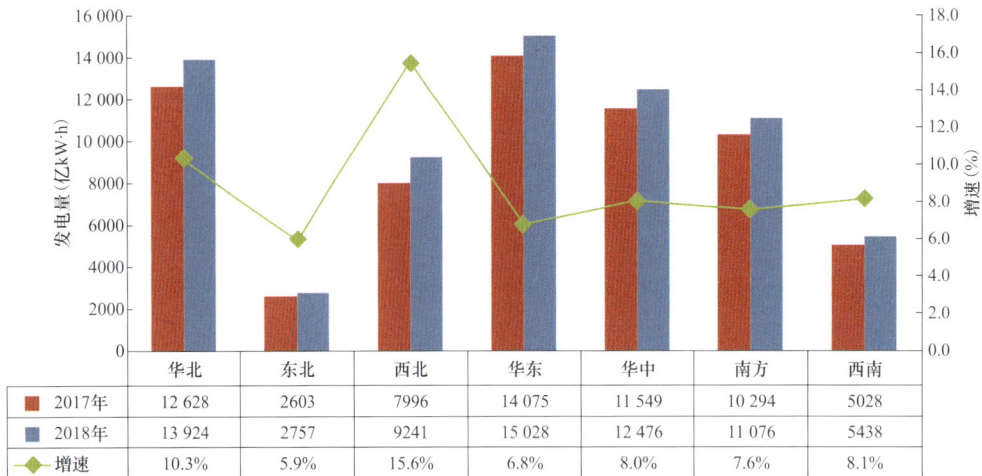

	华北	东北	西北	华东	华中	南方	西南
■ 2017年	12 628	2603	7996	14 075	11 549	10 294	5028
■ 2018年	13 924	2757	9241	15 028	12 476	11 076	5438
◆ 增速	10.3%	5.9%	15.6%	6.8%	8.0%	7.6%	8.1%

图 2-18　2017－2018 年各区域累计完成发电量与增速情况

2.2.2　发电设备运行

在电力消费增长的拉动下，叠加煤电去产能等因素影响，2018 年，6000kW 及以上各类电源发电设备利用小时数均有所提高，全国发电设备利用小时数增加约 72h。

火电设备利用小时数为 4361h，较上年提高 142h。受产能调整影响，2018 年煤电建设速度和规模得到控制。与此同时，全社会用电需求回暖，供需关系向好使得火电设备利用小时数增加。从各省来看，火电设备利用小时数最高的为江西，达 5269h；内蒙古、河北、安徽也均超过 5000h，云南、西藏各省火电设备利用小时数均在 2000h 以下。2018 年各省（区、市）火电设备平均利用小时数如图 2-19 所示。

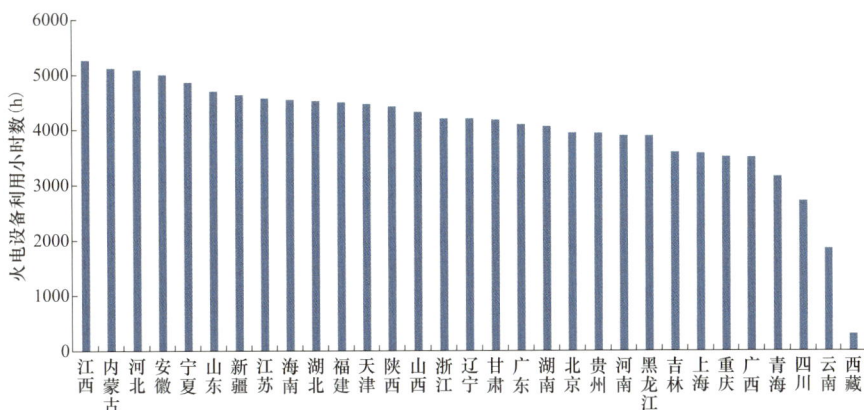

图 2-19　2018 年各省（区、市）火电设备平均利用小时数

水电设备利用小时数 3613h，较上年上升 16h。2018 年全国来水情况好于上年，弃水情况明显缓解，平均水能利用率达到 95％左右。受上述因素影响，水电设备利用小时数略有回升。从各省来看，水电设备利用小时数最高的为甘肃，达 4840h；宁夏、青海、云南、四川、湖北等省份水电设备利用小时数也均超过 4000h；山东、河北等省份水电设备利用小时数均在 1000h 以下。2018 年各省（区、市）水电设备平均利用小时数如图 2-20 所示。

受电力需求增加、市场化交易规模扩大等因素影响，2018 年核电设备利用小时数达到 7184h，较上年提高 95h。从各省来看，核电设备利用小时数最高的为山东，达 8305h；除了海南以外，各省核电设备利用小时数均在 6000h 以上。2018 年各省（区、市）核电设备平均利用小时数如图 2-21 所示。

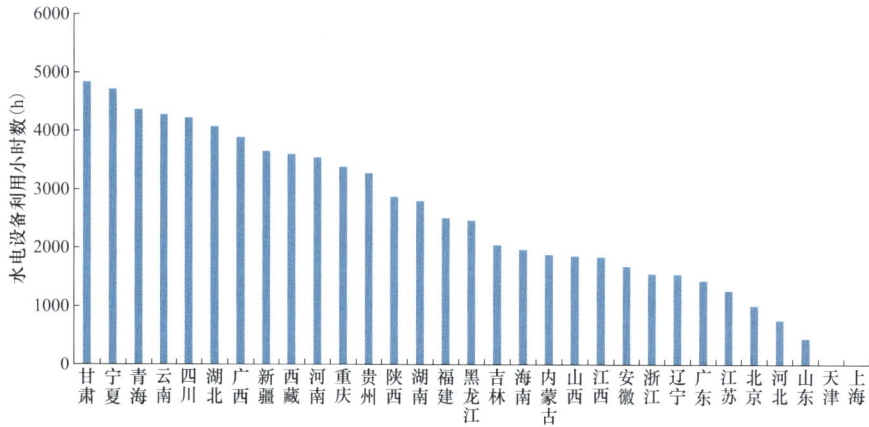

图 2-20　2018 年各省（区、市）水电设备平均利用小时数

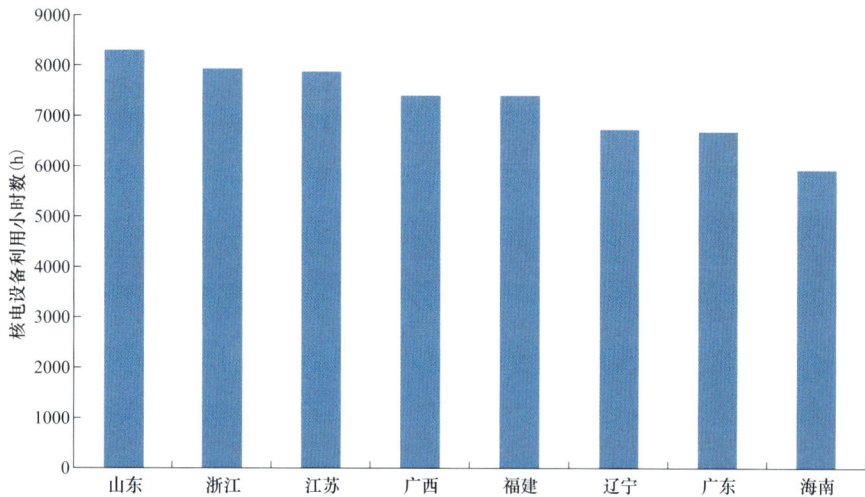

图 2-21　2018 年各省（区、市）核电设备平均利用小时数

风电设备利用小时数达到 2095h，较上年提高 146h。这也是自 2013 年以来，风电设备利用小时数首次超过 2000h。与风电利用小时数大幅提高相对应，2018 全国平均弃风率下降至 7％，同比降低约 5 个百分点，东三省弃风率降至 10％以下。从各省风电设备利用小时数来看，最高的为云南，达到 2654h；福建、上海等 15 个省份利用小时数超过 2000h；利用小时数最低的为青海和海

南，为 1524h。2018 年各省（区、市）风电设备平均利用小时数如图 2‑22
所示。

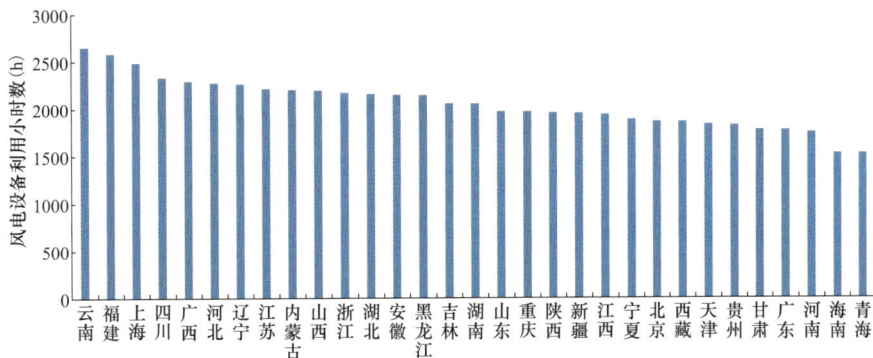

图 2‑22　2018 年各省（区、市）风电设备平均利用小时数

太阳能发电设备利用小时数为 1212h，较上年提高了 7h。从各省来看，太
阳能发电设备利用小时数最高的为青海，达 1464h；四川、黑龙江、内蒙古、
宁夏、甘肃、吉林等省份利用小时数均超过 1300h；重庆利用小时数最低，仅
474h。除太阳能发电设备利用小时数有所提高外，太阳能发电弃电率明显好
转，2018 年平均弃光率为 3%，较上年降低约 2.8 个百分点。2018 年各省
（区、市）太阳能发电设备平均利用小时数如图 2‑23 所示。

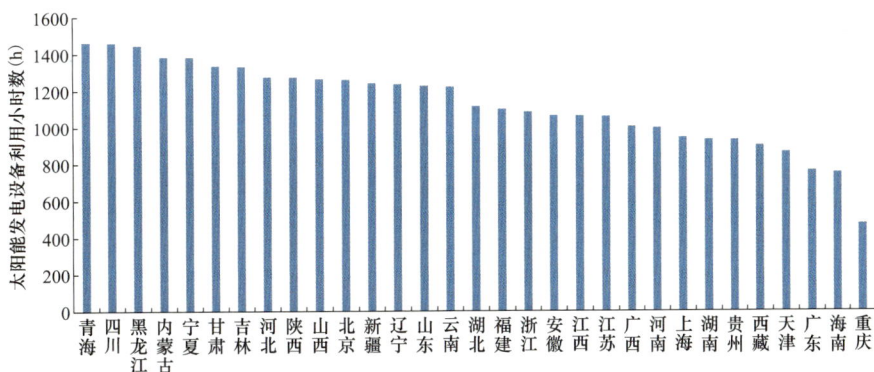

图 2‑23　2018 年各省（区、市）太阳能发电设备平均利用小时数

除了受电力需求快速增长影响外，风电、太阳能发电设备利用水平提升还
得益于社会各方的共同努力。电源方面，随着国家新能源投资预警机制不断完

善，各地风电和太阳能发电项目建设节奏得到合理控制；火电机组灵活性改造提升了电力系统接纳新能源的调节能力。电网方面，通过提高电网输送能力、优化调度管理机制、做好新能源并网管理等多种举措，电网企业有效开展了服务新能源发展工作。市场机制方面，电力辅助服务市场建设逐步完善、新能源电量交易有序推进等为新能源消纳提供了有效保障。

2.2.3 电力电量平衡

2018 年，电源装机建设稳步推进，电力消费快速增长，全国电力供需从总体宽松转向总体平衡，部分地区存在局部时段电力供应偏紧现象，电力供应缺口仍然存在。国家电网有限公司（简称"国家电网公司"）经营区累计最大电力缺口达 1245 万 kW，较 2017 年增大 578 万 kW，电力供应缺口明显增加。其中，华中和华北地区电力缺口最大，山东、江西最大电力缺口较 2017 年分别提高 455 万、298 万 kW。通过加强跨区输电、优化调度管理、实施需求侧管理等举措，有效地消除了电力供应缺口风险。2018 年，国家电网公司经营区域内区间、省间、与经营区域外电量交换分别为 2762 亿、6905 亿、510 亿 kW·h，同比增速分别为 2.7%、14.6%、10.8%。2017—2018 年国家电网公司经营区域部分省份电力缺口情况见表 2-3。

表 2-3   2017—2018 年国家电网公司经营
区域部分省份电力缺口情况   万 kW

地　　区		累计最大电力缺口	
		2018 年	2017 年
华北	天津	0	57
	河北	512	385
	冀北	80	90
	山东	661	206
华东	浙江	3	0
	江苏	181	40

地 区		累计最大电力缺口	
		2018 年	2017 年
华中	湖北	182	35
	湖南	201	121
	河南	144	27
	江西	298	0
东北	辽宁	1	0
西北	陕西	6	0
西南	四川	113	20.5
	重庆	22	0
	西藏	0	3.6

2.2.4 能耗水平

火电机组供电煤耗小幅下降。2018 年平均供电标准煤耗达到 308g/（kW•h），较上年下降 1g/（kW•h），下降幅度约 0.3%。"十二五"以来，我国供电标准煤耗持续下降，年均降幅约 3g/（kW•h）。2011－2018 年我国供电标准煤耗下降情况如图 2-24 所示。

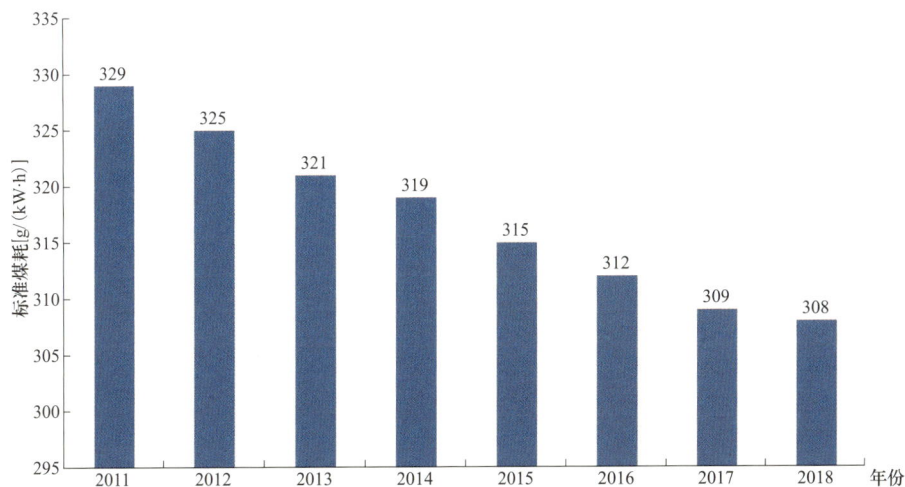

图 2-24 2011－2018 年我国供电标准煤耗下降情况

2.3 发电技术进步

2.3.1 火电技术

世界首台"三塔合一"间接空冷百万机组投入商业运行。由西北电力设计院有限公司设计的陕西榆能集团横山煤电一体化项目 2 号机组顺利通过 168h 满负荷试运行，成为世界首台投运的"三塔合一"百万机组。"三塔合一"技术是将脱硫塔建设在间冷塔中央，烟囱建设在脱硫塔上面，利用间冷塔承担污染物排放烟囱。该机组主机为高参数大容量空冷机组，按照"近零排放"设计大气污染物排放标准。试运行期间，机组二氧化硫、氮氧化物、烟尘等污染物排放指标均优于设计值。

2.3.2 核电技术

全球首台 AP1000 三代核电机组投入商业运行。中核集团三门核电 1 号机组顺利完成了 168h 满功率连续运行考核，具备投入商业运行条件。AP1000 技术设计上采用先进的"非能动"理念，在发生事故时，可依靠重力、对流等自然界存在的物理现象对反应堆进行冷却。与现有核电站相比，该技术可减少设备损坏造成事故的概率，实现了安全性大幅提升。

全球首台球床模块式高温气冷堆蒸汽发生器研制成功。蒸汽发生器是高温气冷堆核电系统中的关键设备，可将核反应堆的热量转换成接近 600℃ 的水蒸气，推动汽轮发电机组产生电能。该发生器由我国多家科研院所、核电设备企业共同自主研发完成，攻克了数十余项关键工艺技术，为高温气冷堆设备的国产化作出了重要贡献。

2.3.3 新能源发电技术

全国首个生物质气化耦合发电项目混合气化试验成功。该项目以农林废弃物秸秆为主要燃料，按 1∶1 的比重混合稻壳与秸秆制气。机组系统秸秆燃料最大掺烧占比为 50%，每小时产气量为 1.6 万标准立方米，设计发电平均电功率为 10.8MW，生物质能发电效率超过 35%。项目投产后，预计每年可利用生物质固废约 5.1 万 t，节省标准煤约 2.3 万 t，实现资源有效节约。

3

2018 年电源投资和发电企业运营情况

章节要点

电源投资延续下滑趋势，非化石能源发电投资占比继续抬升。2018 年电源工程建设完成投资 2721 亿元，同比下降 6.2%，占电力工程总投资的比重下滑至 33.6%。其中，非化石能源发电共完成投资 1944 亿元，占电源总投资的比重由 2017 年的 70.4% 上升至 71.4%。

五家主要发电集团提升电源清洁化水平，营收水平提高、资产负债率下降。2018 年，国家能源集团、国家电投集团、华电集团、大唐集团、华能集团五家主要发电集团清洁电源装机占比持续提升，供电煤耗均不超过 305g/（kW·h）；营业收入同比增长超过 6%，资产负债率全部降低至 80% 以下。

发电企业整体盈利水平上升，但煤电企业仍承受较大经营压力。在电力需求快速增长、发电设备利用小时数升高、上网电价上调等多因素影响下，火电板块上市公司整体盈利水平提高。2018 年发电板块盈利约 833.0 亿元，比上年提高约 32.3%。虽然发电企业整体利润水平回升，但煤电企业受电煤价格高位运行影响，生产经营形势仍较为严峻。

3.1 电源建设投资

电源投资延续下滑趋势。2018 年电力投资继续呈现下降趋势，全国电力工程建设完成投资 8094 亿元，比上年下降 1.8%。其中，电源工程建设完成投资 2721 亿元，比上年下降约 6.2%，电源投资占电力工程总投资的比重由 2017 年的 35.2% 下降至 33.6%，降低约 1.6 个百分点。2011—2018 年我国电力与电源投资情况如图 3-1 所示。

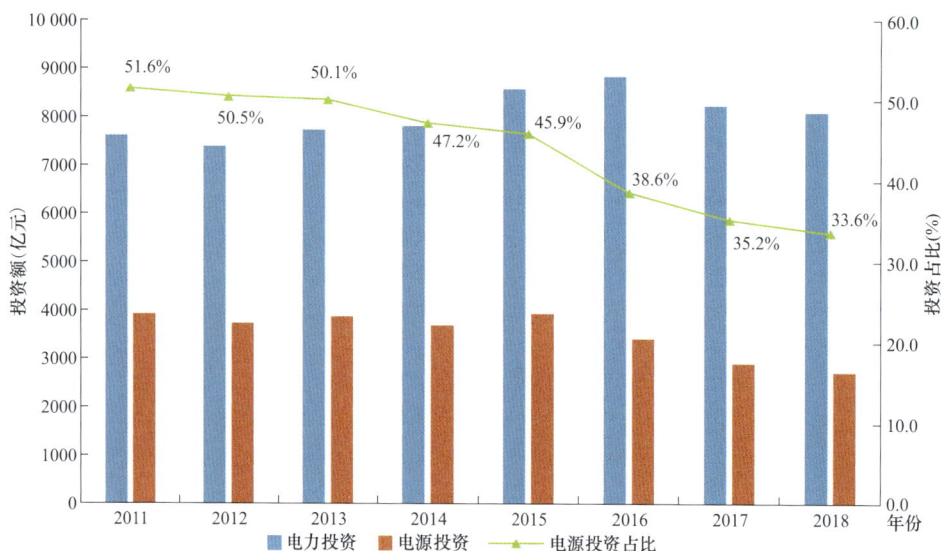

图 3-1 2011—2018 年我国电力与电源投资情况

从电源投资结构来看，由于煤电新增产能规模和建设速度受到控制，2018 年火电投资完成额为 777 亿元，同比下降 9.4%；在乌东德、白鹤滩等大型水电工程投资建设影响下，2018 年水电投资规模有所增加，完成投资 674 亿元，同比上升 8.4%；受项目核准进度放缓、在建项目减少等因素影响，核电共完成投资 437 亿元，同比下降 3.7%；受风电投资监测预警机制影响，2018 年风电完成投资 642 亿元，同比下降 5.7%；受《关于 2018 年光伏发电有关事项的通知》去补贴、控装机指标等影响，太阳能发电投资完成额急剧下降，全年完成投资约 191 亿元，同比降低 33.0％。2017－2018 年各类电源投资情况如图 3－2 所示。

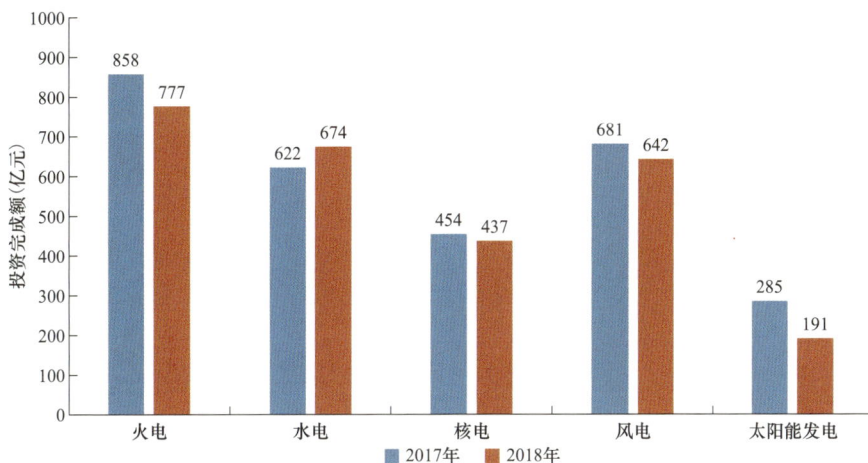

图 3－2   2017－2018 年各类电源投资情况

非化石能源发电投资占比继续抬升。2018 年非化石能源发电投资合计约 1944 亿元，占电源总投资的比重由 2017 年的 70.4％上升至 71.4％。其中，水电投资占比为 24.8％，同比增加 3.4 个百分点；核电投资占比提高约 0.3 个百分点；风电投资占比基本维持不变，约为 23.6％；太阳能发电投资占比有所下降，下降约 2.8 个百分点。2017－2018 年各类电源投资占比情况如图 3－3 所示。

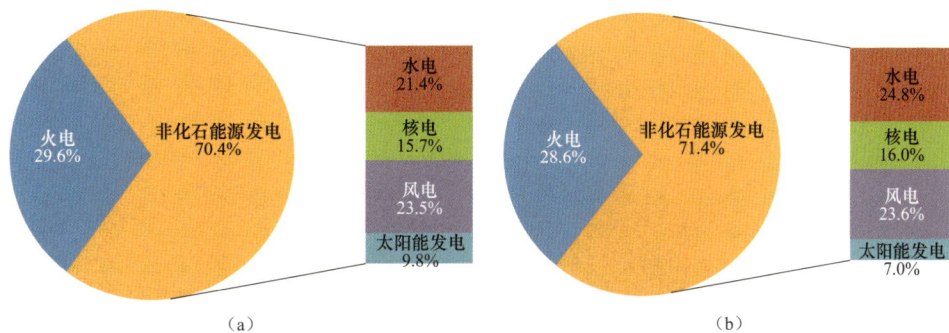

图 3－3   2017－2018 年各类电源投资占比情况

（a）2017 年各类电源投资占比；（b）2018 年各类电源投资占比

3.2 发电企业运营

3.2.1 企业总体概况

新增发电企业仍然以风电、太阳能发电为主。随着可再生能源产业迅速发展，相关企业数量快速增加。根据国家统计局统计，截至 2017 年底，全国规模以上发电企业约 5274 家，比上年增加 632 家。其中，新增太阳能发电企业和风电企业数目最多，分别为 297 家和 169 家，仍然是新增发电企业的主体。2017 年底全国各类发电企业数量如图 3-4 所示，各类新增发电企业所占比重如图 3-5 所示。

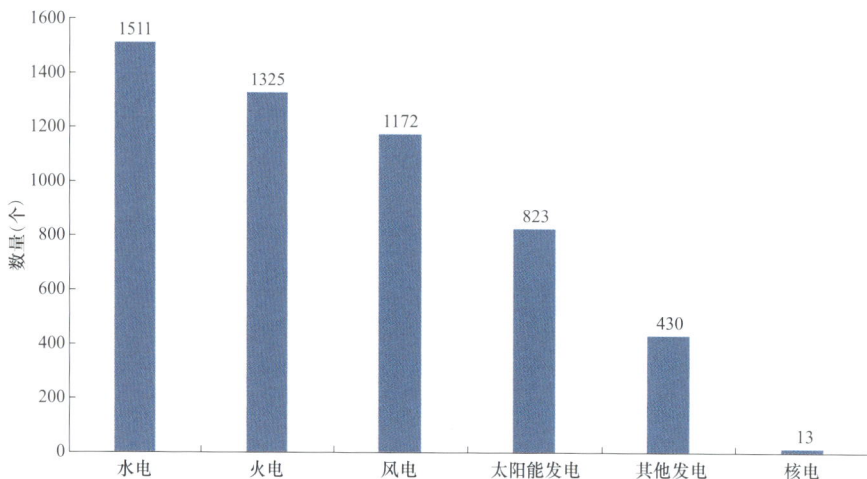

图 3-4　2017 年底全国各类发电企业数量

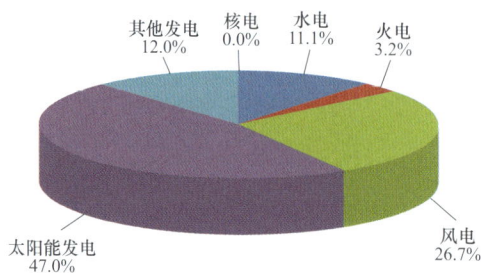

图 3-5　2017 年各类新增发电企业所占比重

发电资产总额持续增长，资产负债率略有下降。根据国家统计局统计，截至 2017 年底，全国规模以上发电企业资产总额约 7.6 万亿元，比上年增长 7.4%。全国发电企业负债总额约 5.1 万亿元，比上年增长 7.3%。发电企业资产负债率 67.5%，比上年降低 0.1 个百分点。其中，除火电企业因利润下滑导致资产负债率有所上升外，其他类型电源企业资产负债率均有所下降，水电企业、核电企业、风电企业和太阳能发电企业资产负债率分别为 65.3%、76.5%、65.8% 和 67.9%，分别较上年降低 1.3 个、0.2 个、0.6 个和 1.4 个百分点。2017 年电力企业主要经营效益指标见表 3-1。

表 3-1　　　　　　　　**2017 年电力企业主要经营效益指标**

企业类型	资产		负债	
	总额（亿元）	同比增长（%）	总额（亿元）	同比增长（%）
电力企业	133 237	6.3	81 198	5.8
发电企业	75 699	7.4	51 092	7.3

3.2.2　主要发电集团运营

（一）电力生产情况

截至 2018 年底，国家能源集团、国家电投集团、华电集团、大唐集团、华能集团五家主要发电集团电源装机容量合计约为 8.4 亿 kW，较上年增加约 0.3 亿 kW，占电源总装机的比例为 44.3%，同比降低约 1.2 个百分点。五家主要发电集团全年发电量合计约为 3.3 万亿 kW·h，约占全国总发电量的 46.7%，较上年增加约 0.1 个百分点。2018 年五家主要发电集团装机容量比重如图 3-6 所示。

五家主要发电集团清洁发电装机占比持续提高。2018 年各发电集团持续推进电源结构绿色转型，其中，国家电投集团清洁能源装机占比为五家主要发电集团之首，为 48.9%，同比增加约 3.8 个百分点。2018 年五家主要发电集团清洁能源装机比重如图 3-7 所示。

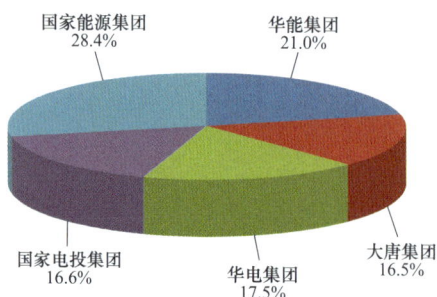

图 3 - 6　2018 年五家主要发电集团装机容量比重

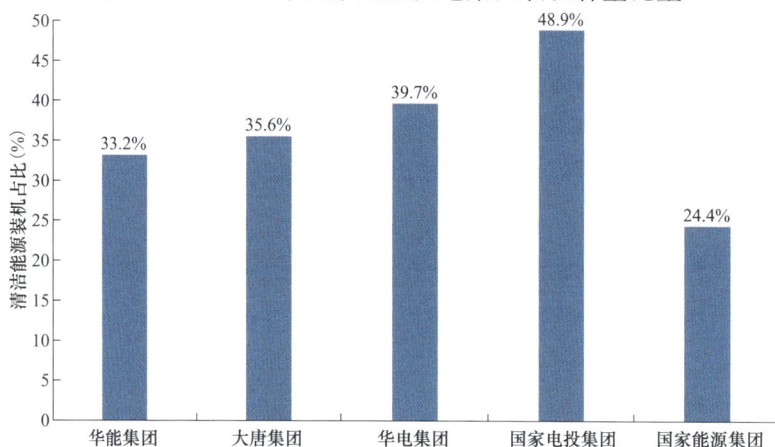

图 3 - 7　2018 年五家主要发电集团清洁能源装机比重

五家主要发电集团主动淘汰落后煤电产能，积极推进节能减排工作。五家主要发电集团严控煤电发展规模，积极化解煤电过剩产能风险，扎实推进超低排放和节能改造工作，提升能源清洁化利用水平。2018 年，大唐集团主动淘汰煤电产能约 208 万 kW，超低排放机组容量累积达到 9428 万 kW，占在役燃煤机组容量的 94.7%；华能集团超低排放机组容量达 1.1 亿 kW，占比超过 94%；国家能源集团淘汰落后煤电产能约 349 万 kW，超低排放改造机组容量约 1.6 亿 kW，改造容量占比达到 91%；华电集团煤电机组改造容量累计达到 7713 万 kW，容量占比达到 86.5%。从节能改造工作效果上看，各大发电集团供电煤耗进一步下降，均不超过 305g/（kW•h），显著低于 308g/（kW•h）的全国平均水平。2017—2018 年五家主要发电集团供电煤耗变化情况如图 3 - 8 所示。

（二）经营情况

五家主要发电集团营业收入实现进一步增长。受电力消费快速增长、发电

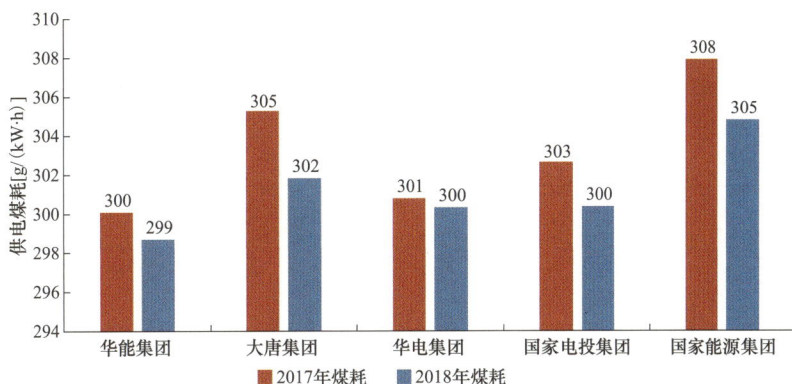

图 3-8 2017—2018 年五家主要发电集团供电煤耗变化情况

设备利用小时数增加等有利因素影响，2018 年各大发电集团营业收入实现不同程度增长。其中，国家能源集团营业收入规模最大，全年约 5433 亿元，较上年增长约 6％；华能集团、国家电投集团、华电集团、大唐集团全年营业收入分别为 2752 亿、2267 亿、2152 亿元和 1899 亿元，较上年分别增长约 6.4％、11.7％、7.3％和 11.1％。2017—2018 年五家主要发电集团收入情况如图 3-9 所示。

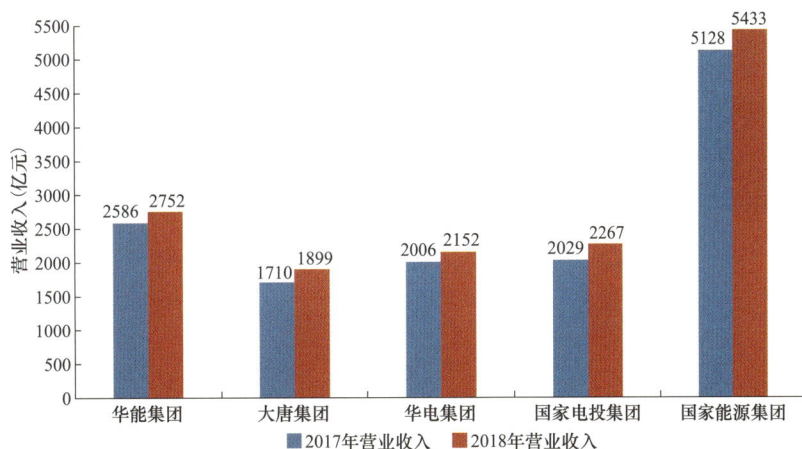

图 3-9 2017—2018 年五家主要发电集团收入情况

降杠杆、减负债效果明显，企业资产负债率下降。2018 年，五家主要发电集团主动落实中央"去杠杆"战略部署，减轻资产负债比重，资产负债率全部降低至 80％以下，实现企业发展提质增效。其中，国家能源集团资产负债率最低，约为 60.1％；国家电投集团资产负债率下降幅度最大，较上年下降约 3.1 个百分点；大

唐集团、华电集团、华能集团资产负债率分别下降约 3.0 个百分点、2.9 个百分
点和 2 个百分点。2018 年五家主要发电集团资产负债率情况如图 3-10 所示。

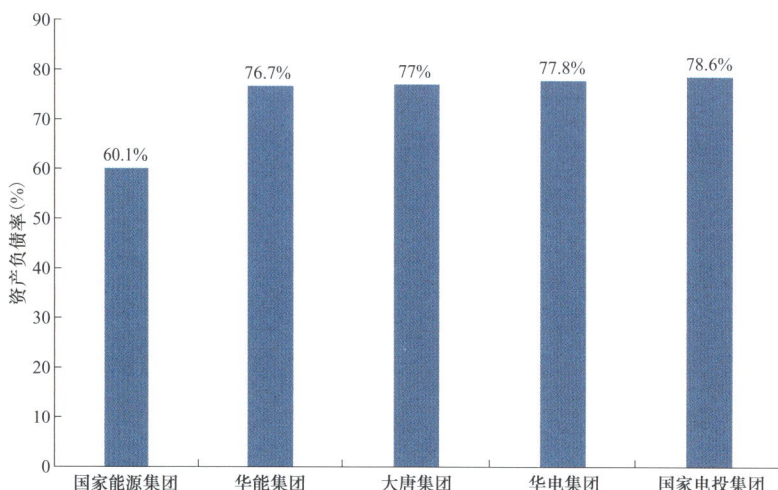

图 3-10　2018 年五家主要发电集团资产负债率情况

以 2018 年 12 月 31 日收盘价计算，五家主要发电集团上市公司沪深两市和
香港股市的总市值达到 14 037 亿元。在以发电业务为主业的上市公司中，华能
国际、大唐发电、国电电力、华电国际和上海电力的市值规模分别位居各自所
属发电集团的首位，约为 1158.5 亿、583.0 亿、503.1 亿、468.5 亿元和 212.0
亿元，分别较上年同期增长 23.5%、5.5%、−17.9%、28.0% 和 −3.7%。
2017—2018 年五家主要发电集团主要上市公司市值对比如图 3-11 所示。

**虽然五家主要发电集团部分上市子公司净利润提升，但整体仍面临生产经
营压力。**受电力需求快速增长、发电设备利用小时数升高、上网电价上调等因
素影响，2018 年五家主要发电集团部分以火电产业为主的上市公司净利润提
高，华能国际、大唐发电、中国电力等上市公司净利润分别较上年增长
12.2%、13.9% 和 27.8%，华电国际净利润较上年增长了近 2 倍。虽然部分上
市公司业绩有所好转，但火电企业整体生产经营形势仍然不容乐观。2018 年电
煤价格保持高位运行态势，煤电企业承受较大经营压力，煤电行业亏损面达到
47.3%。受电煤采购成本增加、火电机组关停等因素影响，国电电力净利润下

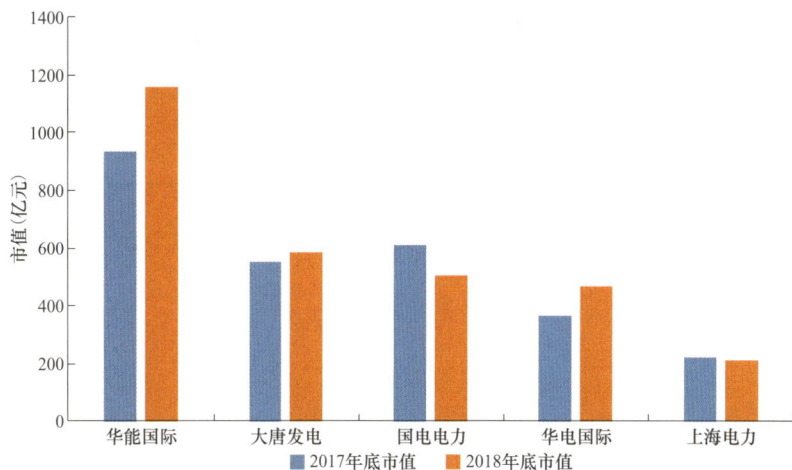

图 3-11   2017－2018 年五家主要发电集团主要上市公司市值对比

降约 34.6%。此外，新能源补贴拖欠也对企业资金运转产生一定影响，2018 年
五家主要发电集团累计受拖欠款额达到 911 亿元❶。2017－2018 年五家主要发
电集团部分上市公司净利润对比如图 3-12 所示。

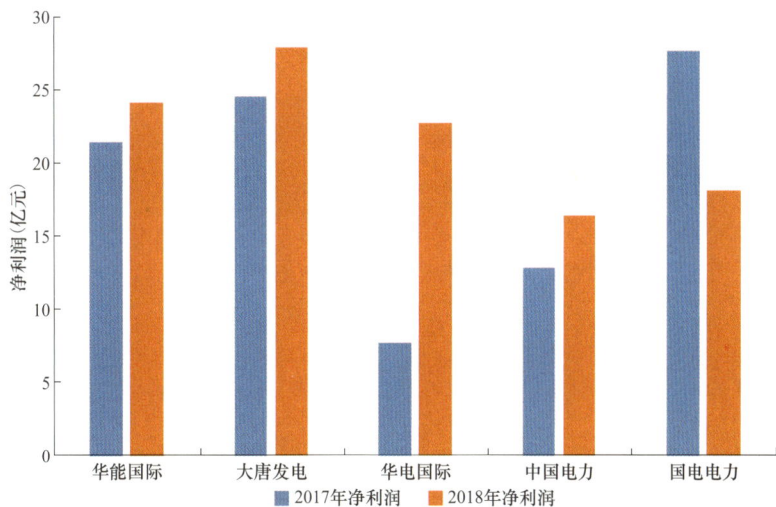

图 3-12   2017－2018 年五家主要发电集团部分上市公司净利润对比

数据来源：上市公司财务报表。

---

❶   李际，樊慧娴.2018 年我国电力发展形势及 2019 年展望.中国能源，2019，41（2）.

3.2.3　上市公司运营[1]

2018 年我国证券市场一路震荡走低，沪深 300 指数全年下跌 25.3％；电力及公用事业指数也持续下滑，全年下跌 27.8％。其中，火电板块跌幅为 8.8％，水电板块全年下跌 4.2％，电网板块全年下跌 25.9％，其他发电企业下跌 40.9％。2018 年电力板块及大盘走势情况如图 3-13 所示。

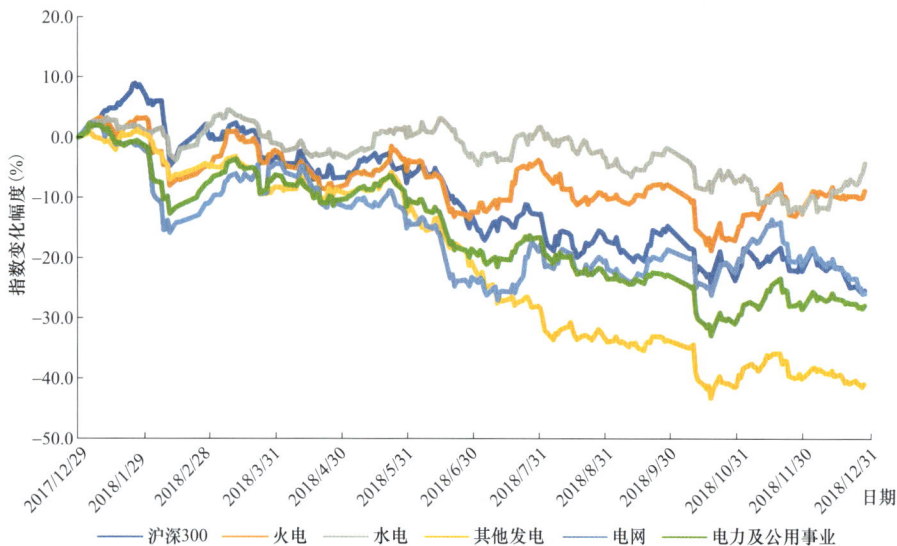

图 3-13　2018 年电力板块及大盘走势比较

2018 年，电力板块的动态市盈率（P/E）从年初的 26.6 倍下降至年底的 23.6 倍，A 股市场的动态市盈率从年初的 19.0 倍降低至年底的 14.2 倍。火电板块的动态市盈率从年初的 38.1 倍下降至年底的 33.4 倍；水电板块的动态市盈率从年初的 15.7 倍上升至年底的 15.9 倍；其他发电板块的动态市盈率从年初的 52.1 倍下降至年底的 32.0 倍。2018 年电力板块及大盘动态市盈率（P/E）情况如图 3-14 所示。

2018 年，电力板块的市净率（P/B）从年初的 1.6 倍下降至年底的 1.4 倍，

---

[1]　相关数据来自 Wind。

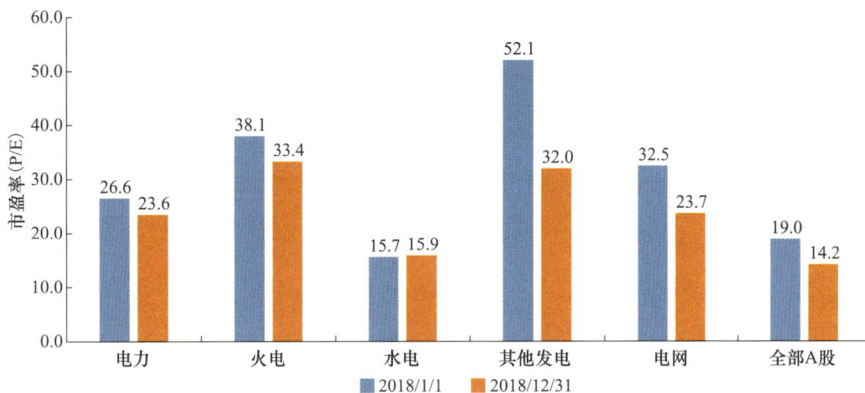

图 3-14   2018 年电力板块及大盘动态市盈率（P/E）比较

全市场的市净率从年初的 1.9 倍下降至年底的 1.4 倍。火电板块的市净率基本
维持在 1.2 倍；水电板块的市净率从年初的 2.3 倍下降至年底的 2.1 倍；其他
发电板块的市净率从年初的 2.4 倍下降至年底的 1.6 倍。2018 年电力板块及大
盘市净率（P/B）情况如图 3-15 所示。

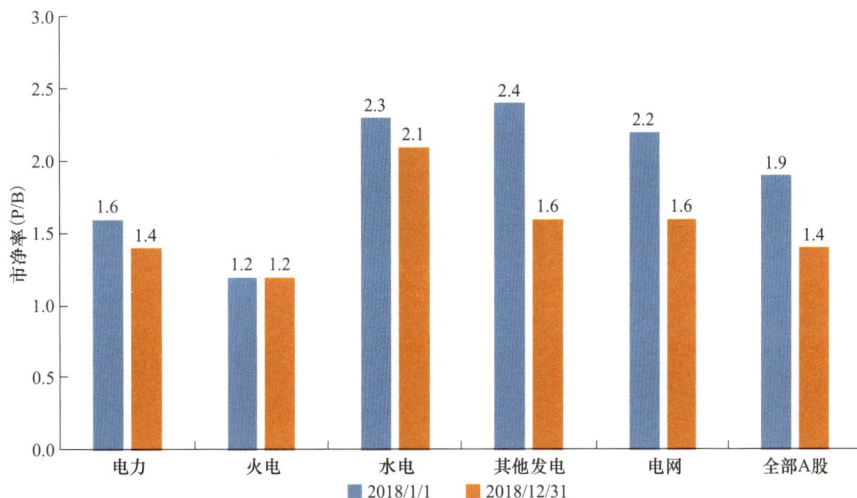

图 3-15   2018 年电力板块及大盘市净率（P/B）比较

2018 年，电力行业上市公司主营业务收入合计 9896.7 亿元，比上年上升
18.3%，行业总体毛利率为 19.5%，比上年提高约 0.6 个百分点。2017—2018
年电力板块主营业务及毛利率情况见表 3-2。

表 3 - 2　　　　2017－2018 年电力板块主营业务及毛利率情况

板块名称	2018 年主营业务收入（亿元）	2017 年主营业务收入（亿元）	2018 年销售毛利率（%）	2017 年销售毛利率（%）
火电	8246.9	6965.2	14.7	13.9
水电	843.5	676.4	56.7	57.3
其他发电	523.6	473.4	37.2	37.5
电网	282.7	252.9	15.3	15.9
合计	9896.7	8367.9	19.5	18.9

上市发电企业盈利回升，火电企业净资产收益率有所提高。2018 年，电力板块盈利 849.6 亿元，比上年提高约 31.9%。其中，电网板块盈利 16.6 亿元，比上年提高约 15.6%；发电板块盈利约 833.0 亿元，较上年增长约 32.3%。具体来看，火电板块受电力需求快速增长、发电利用小时数升高、上网电价上调等因素影响，净利润提高至 413.4 亿元，相较上年增加约 59.9%；水电板块盈利 360.9 亿元，相较上年增加约 20.9%。火电企业净资产收益率提高约 1.7 个百分点，电力板块整体净资产收益率为 7.4%，较上年增加约 1.1 个百分点。2017－2018 年电力板块净利润及净资产收益率情况见表 3 - 3。

表 3 - 3　　　　2017－2018 年电力板块净利润及净资产收益率情况

板块名称	2018 年净利润（亿元）	2017 年净利润（亿元）	2018 年净资产收益率（%）	2017 年净资产收益率（%）
火电	413.4	258.6	5.1	3.4
水电	360.9	298.5	14.8	15.7
其他发电	58.7	72.5	2.5	4.8
电网	16.6	14.4	7.6	6.9
合计	849.6	643.9	7.4	6.3

4

2018 年电源发展综合评价

📡 **章 节 要 点**

通过增设两项评价指标，本章基于上一年度建立的电源发展综合评价体系，分析了 2018 年电源发展情况。

2018 年电源整体发展水平进一步提高。纵向比较来看，2018 年电源在"绿色""经济""安全""效率"等维度得分均较上年有所提高；横向比较来看，电源"绿色""经济"得分较高，"安全""效率"得分相对较低。

电源绿色发展水平稳步提升。2018 年，非化石能源发电装机规模和发电量持续增加，温室气体和大气排放污染物绩效进一步降低，供电标准煤耗持续下降。

电源经济发展整体效益上升，但火电企业经营仍面临一定压力。电源领域新旧产能替换速度加快，企业资产负债率水平稳步下降。虽然行业整体盈利水平较上年有所增长，但煤电企业燃料采购成本仍然较高。

电力安全供应和调节能力有所提高。发电资源供给方面，随着优质产能不断释放，电煤供需形势有所缓解。电力供给方面，电力供需形势总体平衡，灵活性电源装机规模继续增长。

电源设备利用效率延续回升态势。火电、核电利用小时数均有不同程度增加。消纳形势延续好转，弃风率、弃光率继续实现"双降"，达到"十三五"以来最好水平。

4.1   电源综合评价与分析体系回顾

在 2018 年度《中国电源发展分析报告》中，编写组构建了电源发展综合评价体系和电源发展分析体系，试图系统性地全面把握电源发展动态。其中，电源发展综合评价体系侧重于从整体发展视角分析电源发展成效，通过在"绿色""经济""安全"和"效率"四个方面选取量化指标，进行电源发展综合评价；分析体系侧重于从发电资源、电源建设、电源生产、电源投资等角度梳理电源发展全貌。在 2019 年的电源评价分析中，编写组延续了这一体系。本报告第 1～3 章围绕电源发展分析体系相关内容展开描述。第 4 章结合电源发展新要求对综合评价指标进行完善，对电源发展情况进行评价。所建立的电源发展综合评价与分析体系如图 4-1 所示。

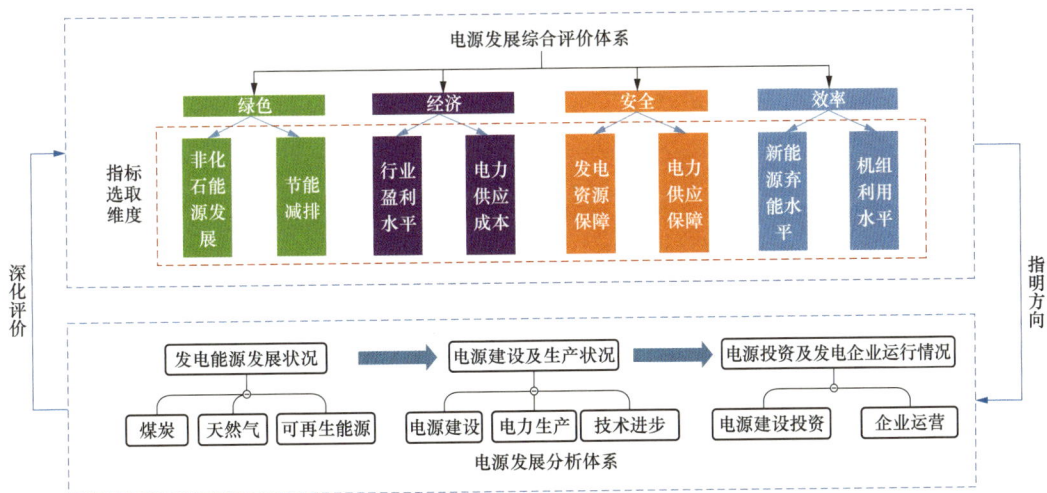

图 4-1   电源发展综合评价与分析体系

4.2   电源综合评价指标调整

2019 年是我国全面建成小康社会的关键之年，也是加快建设清洁低碳、安全高效现代能源体系的重要一年。为进一步推动经济高质量发展，2018 年中央经济工作会议坚持稳中求进总基调，要求在"巩固、增强、提升、畅通"八字方针上下功夫，继续打好三大攻坚战。这一工作部署对在电力供应中扮演关键角色、为国民经济提供能源保障的电源领域提出了更高要求。一方面，"巩固、增强、提升、畅通"要求电源发展要以供给侧结构性改革为主线。结合电源领域特点看，发电企业应当加快淘汰煤电落后产能，进一步降低电力供应成本，补齐电力供应调节能力短板。另一方面，继续打好三大攻坚战对电源领域防范重大风险、降低债务风险水平提出了更高要求，对提升电力供应清洁化水平、保障和改善民生给予了更高期待。

结合 2018 年电源发展要求的新动向，编写组对上一年度的电源发展综合评价指标体系进行调整。在上一年度的电源发展综合评价指标体系中，已经设立了从绿色、经济、安全等维度指标反映电力供应清洁化水平、电力供应成本以及电力供应保障和调节能力。为进一步反映去产能和降低债务风险情况，本年度在经济类指标中增设"煤电产能替换率"和"发电企业资产负债率"两项指标。

其中，利用当年淘汰落后煤电产能与当年新增煤电规模之比计算"煤电产能替换率"，以反映电源领域淘汰落后产能、推进供给侧结构性改革的程度。需要指出，该项指标的取值评价标准与煤电去产能工作推进阶段有关。当前煤电去产能工作重心在于"调整存量"，即严控煤电新增规模、加速淘汰落后产能，因此该项指标取值越大，越能反映去产能工作成效；随着供给侧结构性改革推进程度加深，煤电去产能工作重心将转向"优化增量"，即新增优质产能规模越多，指标取值越小，越能反映成效。利用发电企业资产、负债等统计数据计算"发电企业资产负债率"，以反映电源领域去杠杆、防范债务风险的能力，该项指标取值越小越好。调整后的电源发展综合评价体系见表 4-1。

表 4 - 1　　　　　　　　　　电源发展综合评价体系

一级指标	二级指标	选取维度
绿色	非化石能源发电量占比	非化石能源发展
	非化石能源发电装机占比	
	供电煤耗	节能减排
	二氧化碳排放强度	
	二氧化硫排放绩效	
	氮氧化物排放绩效	
	烟尘排放绩效	
经济	发电企业利润总额	行业盈利水平
	发电企业平均上网电价	电力供应成本
	煤电产能替换率	淘汰落后产能水平
	发电企业资产负债率	去杠杆、降债务风险能力
安全	发电资源供给充裕度	发电资源保障
	电力供给充裕度	电力供应保障
	灵活性电源比例	
效率	弃风率	新能源弃能水平
	弃光率	
	火电设备利用小时数	机组利用水平
	水电设备利用小时数	
	核电设备利用小时数	

4.3　评价结果[❶]

（1）2018 年电源整体发展水平进一步提高。2018 年，电源发展延续了"十三五"以来的稳中向好趋势，电源发展综合水平持续提升。相较历史各年份电源发展表现，在可再生能源发电装机和发电量占比不断提升、落后产能加速出清、资

---

❶ 本报告仍采用上一年度的综合评价方法进行分析。由于增添了指标、补充了 2018 年相关数据，数据无量纲化处理结果、部分指标权重值和各历史年份综合评价得分与 2018 年度《中国电源发展分析报告》中的数值存在差异。

产负债率稳中有降等因素带动下，2018 年电源发在"绿色""经济"维度得分再创新高；受电力供需形势从整体宽松转向总体平衡、火电和核电设备利用小时数处于历史相对低位等因素影响，2018 年电源在"安全""效率"维度得分相对较低，但较 2017 年有所提高。2011—2018 年电源发展综合评价结果如图 4 - 2 所示。

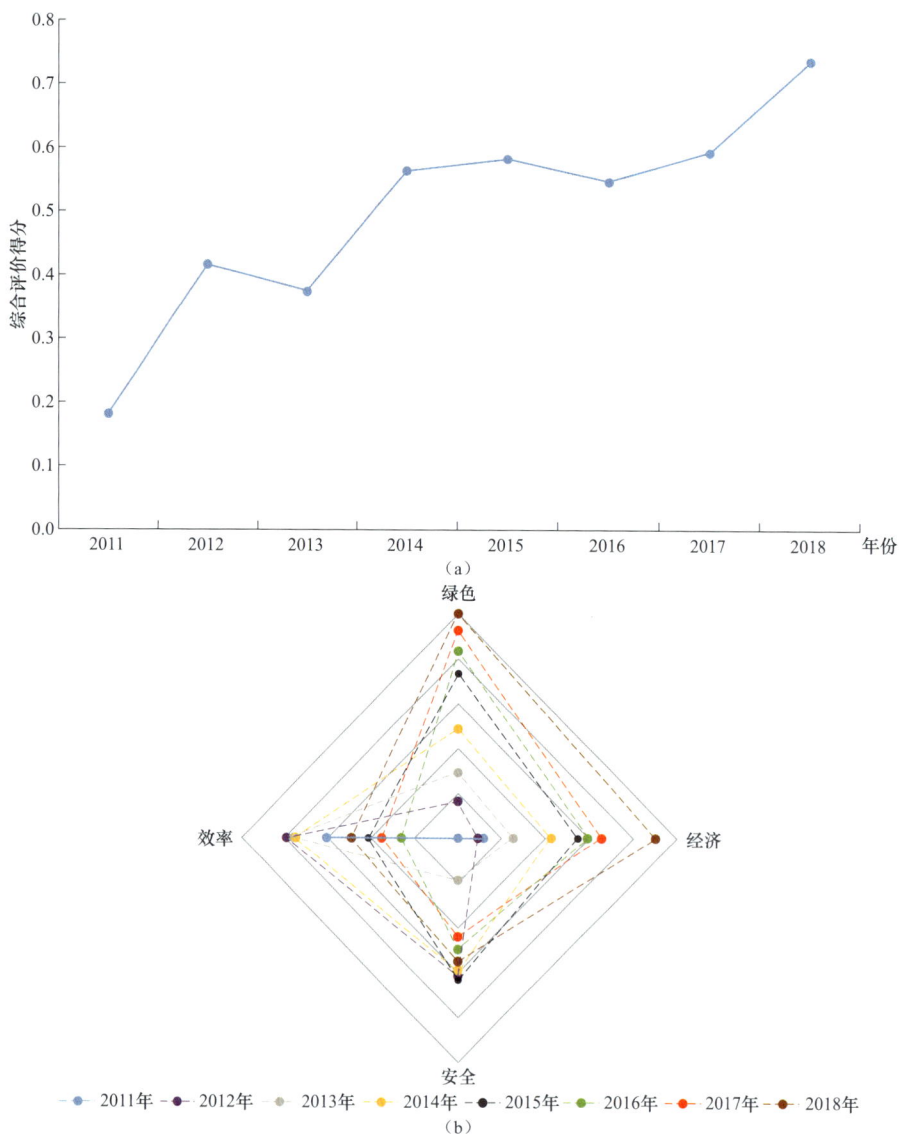

图 4 - 2　2011—2018 年电源发展综合评价结果

（a）综合评价得分；（b）四项一级指标得分雷达图

（2）2018 年电源绿色发展水平稳步提升。2018 年，非化石能源发电装机规模和发电量持续增加，装机占比和发电量占比分别较上年提高 2.0 个和 0.6 个百分点。随着火电超低排放和节能改造规模不断扩大，二氧化碳、二氧化硫、氮氧化物、烟尘等温室气体和大气污染物排放绩效进一步降低；供电标准煤耗持续下降，2018 年下降约 1g/（kW•h）。2011－2018 年电源发展绿色指标评价结果如图 4-3 所示。

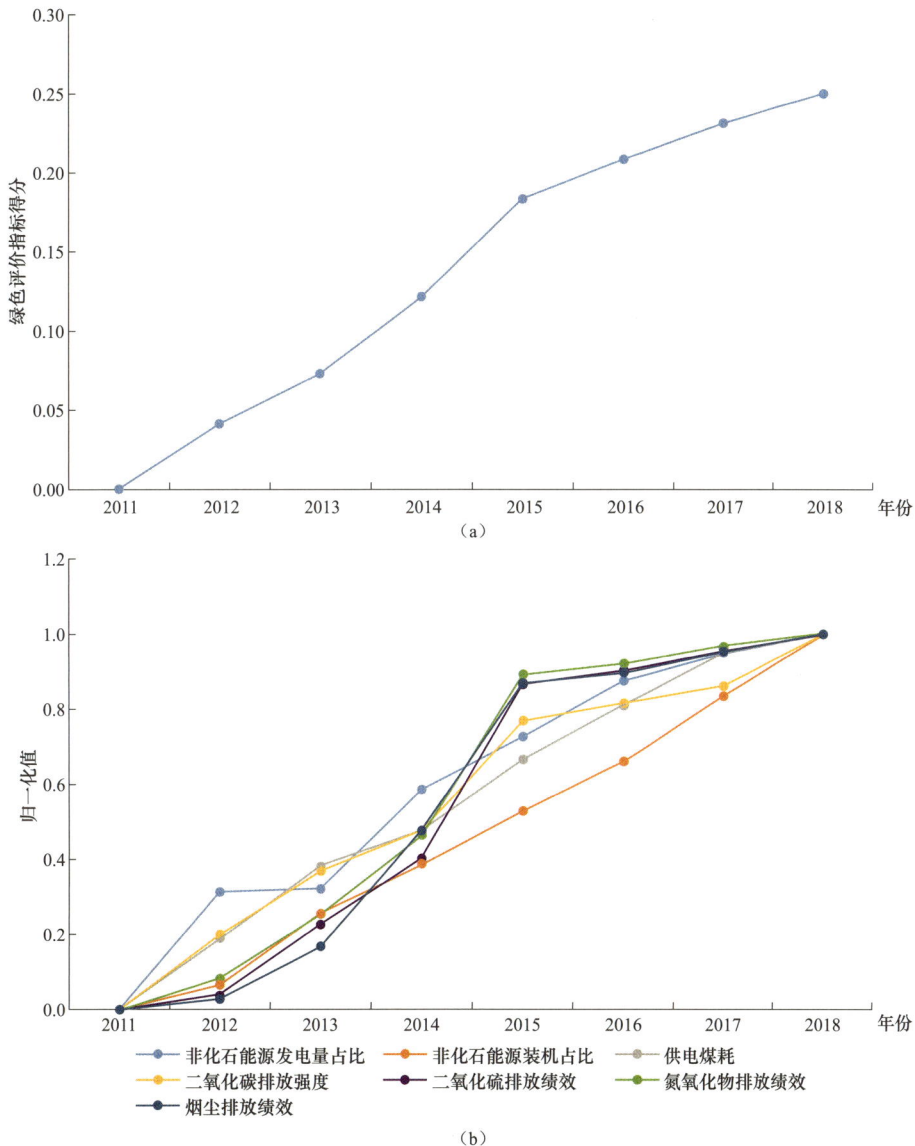

图 4-3 2011－2018 年电源发展绿色指标评价结果
（a）一级指标得分；（b）二级指标归一化值

（3）**2018 年电源经济发展整体效益虽然提升，但火电企业经营仍面临一定压力**。随着供给侧结构性改革深入推进，电源领域新旧产能替换速度加快，企业资产负债率水平稳步下降。初步估计 2018 年淘汰煤电落后产能规模约 1200 万 kW，约为全年新增煤电装机规模的 50%，发电资产负债率水平下降约 0.6 个百分点。在电源整体发展稳中向好的同时，企业部分经营指标仍然承压。受电煤价格持续走高影响，火电企业燃煤采购成本仍然较高。自 2017 年起，燃煤电厂标杆上网电价上调，由于电价上升可适当抵消电煤价格上涨，叠加发电设备利用小时数抬升等因素影响，2018 年发电企业整体利润水平提高。2011—2018 年电源发展经济指标评价结果如图 4-4 所示。

（4）**2018 年电力安全供应和调节能力有所提高**。从发电资源供给来看，随着优质产能不断释放，电煤供需形势有所缓解，2018 年重点电厂电煤库存可用天数略有增加。从电力供给来看，2018 年电力需求增速回升，供需形势转为总体平衡，部分地区局部性、时段性电力供应紧张现象依旧存在，仍需借助跨区输电、需求侧管理等手段防范电力缺口风险。发电运行灵活调节能力不断增

(a)

图 4-4　2011—2018 年电源发展经济指标评价结果（一）

（a）一级指标得分

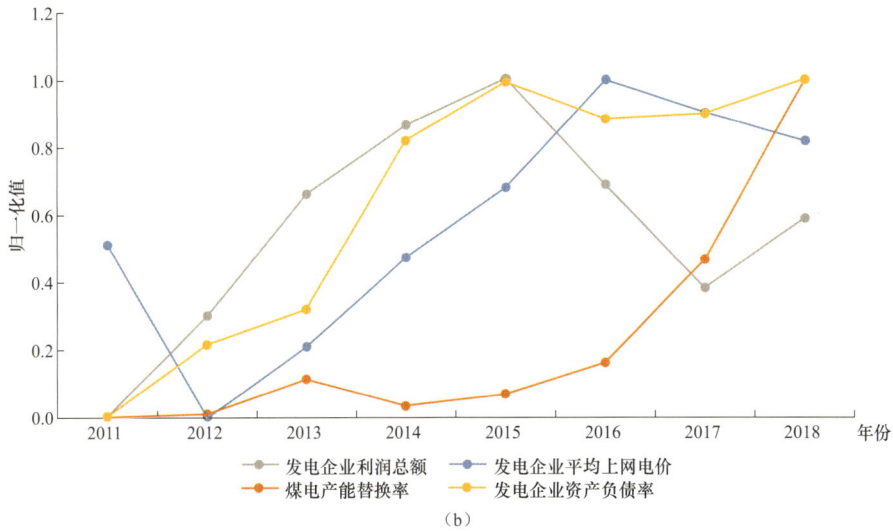

图 4-4　2011—2018 年电源发展经济指标评价结果（二）

（b）二级指标归一化值

强，2018 年抽水蓄能、燃气等灵活性电源装机规模较上年增长约 8.5%。2011—2018 年电源发展安全指标评价结果如图 4-5 所示。

（5）2018 年电源设备利用效率延续回升态势。发电设备利用小时数方面，受电量需求回暖、电源建设整体放缓等因素影响，2018 年火电、核电等传统电源设

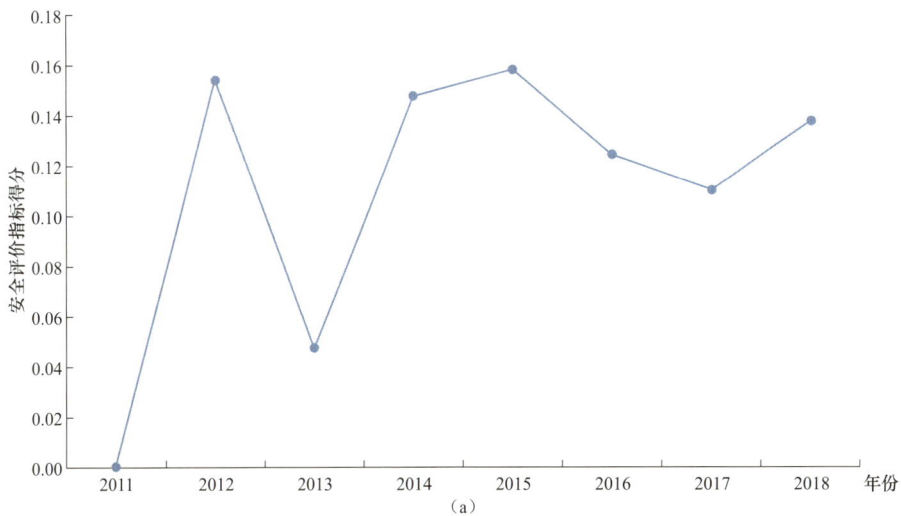

图 4-5　2011—2018 年电源发展安全指标评价结果（一）

（a）一级指标得分

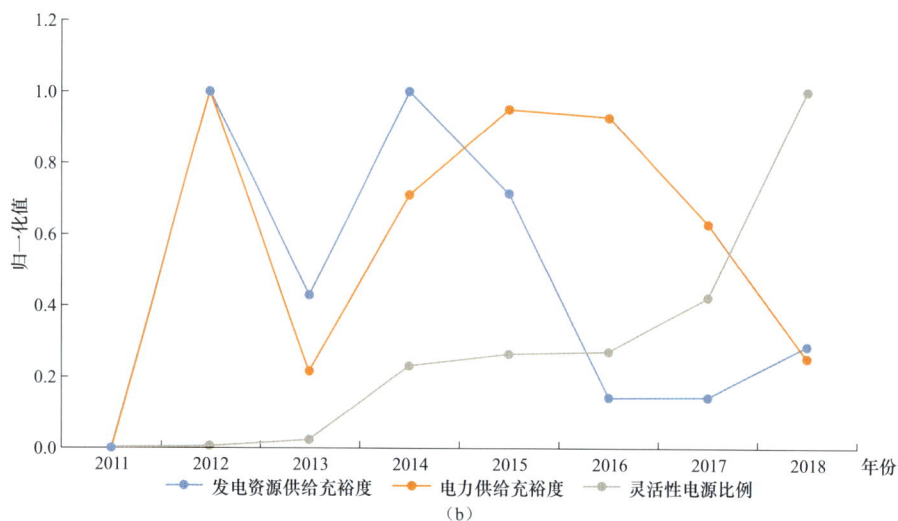

图 4-5　2011－2018 年电源发展安全指标评价结果（二）

（b）二级指标归一化值

备利用小时数较上年显著增加，水电设备利用小时数小幅升高。新能源弃能方面，受益于有序规划并网、输电通道外送能力提高、市场机制完善、电力系统调节能力补强等因素影响，2018 年弃风率、弃光率继续实现"双降"，达到"十三五"以来最好水平。2011－2018 年电源发展效率指标评价结果如图 4-6 所示。

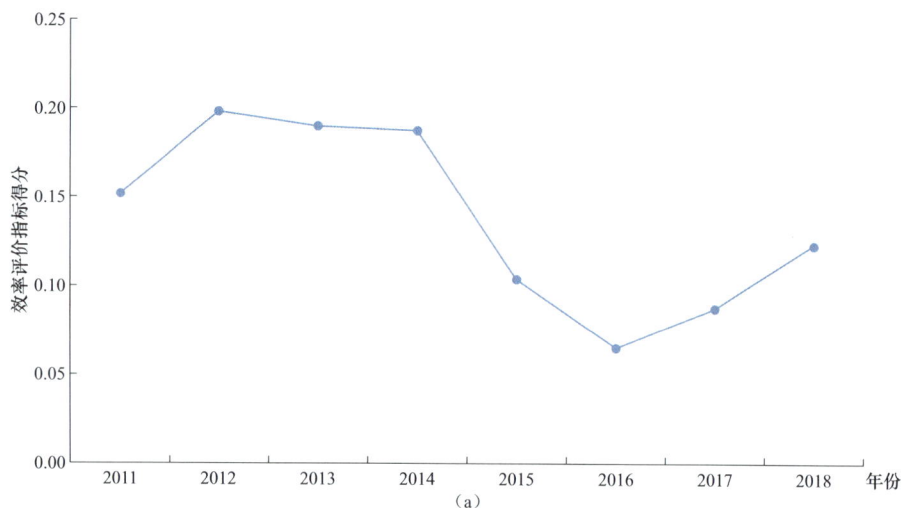

图 4-6　2011－2018 年电源发展效率指标评价结果（一）

（a）一级指标得分

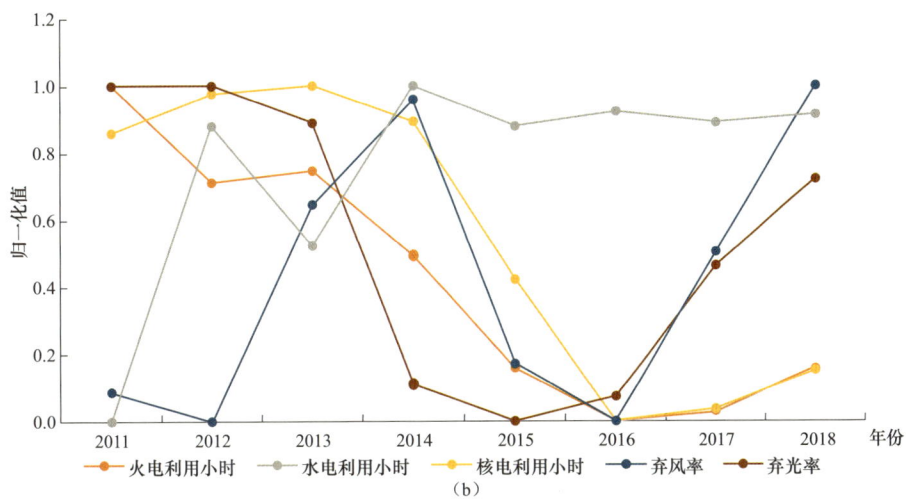

图 4-6   2011－2018 年电源发展效率指标评价结果（二）

（b）二级指标归一化值

5

2019 年电力和发电能源供需预测

![章节要点]

全国电力供需形势总体平衡，部分地区高峰时段电力供应紧张。受电力需求增长较快、发电装机及受电通道增长不足影响，华北、华中电网供需紧张；西南电网供需偏紧；华东电网供需平衡；南方电网供需平衡有余；东北、西北电网电力供应富余。

预计电源装机总体增速有所放缓，分品种电源发展走势各异。预计2019年新增发电装机总规模约1.1亿kW，总装机规模20.1亿kW，同比增长5.8%。其中，非化石能源装机约8.2亿kW。火电新增规模有望改变近年来的下降趋势，太阳能发电新增规模将有较大幅度降低，风电新增规模有望继续扩大，核电投产机组台数较上年有明显减少。

煤炭需求与上年基本持平或有小幅增长，煤炭市场供需总体平衡。煤炭消费在能源消费中的比重将进一步降至58.3%左右，电煤需求是新增煤炭消费的重要驱动因素。煤炭供应能力增强、煤炭价格趋稳将缓解电煤季节性、区域性供需紧平衡形势。

天然气市场供需延续相对平衡态势，储气调峰能力稳步提升，季节性供需矛盾进一步缓解。在气价调整和装机规模增加驱动下，发电用气需求继续较快增长。天然气多元化供应体系和产供销储体系加快建设，发电用气供应保障能力不断增强。

我国汛期降水出现"南多北少"的趋势，西南发电来水略偏枯。预计2019年汛期，江淮、江南、华南北部降水偏多，长江中下游、珠江、淮河可能发生区域性较大洪水。西南水电发电量接近正常水平，整体消纳形势缓和，弃水规模有所降低。

5.1 2019 年电力供需预测

5.1.1 电力供应能力分析

2019 年，预计电源装机总体增速有所放缓，但非化石能源发电装机规模与比重持续提高。2019 年，预计全国新增发电装机总规模约 1.1 亿 kW，总装机容量将达到 20.1 亿 kW 左右，同比增长 5.8%，增速较 2018 年降低约 1.1 个百分点。其中，非化石能源装机预计达到 8.2 亿 kW，占比约 40.9%，较 2018 年提高 1.1 个百分点。2019 年全国电源新增及总装机结构预测情况如图 5 - 1 所示。

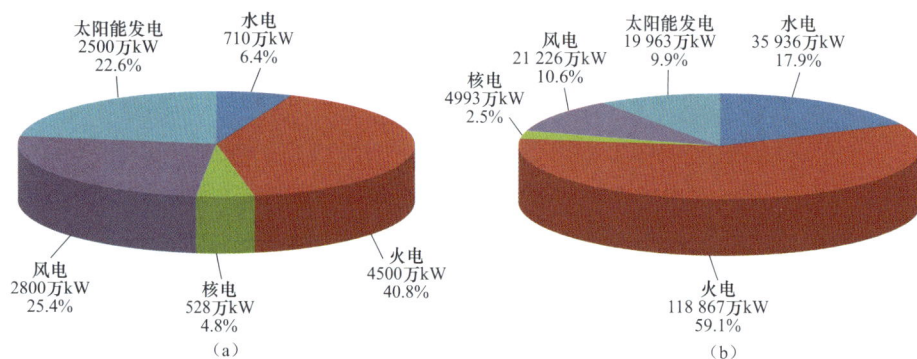

图 5 - 1 2019 年全国电源新增及总装机结构预测情况

（a）新增电源装机结构；（b）总装机结构

分电源品种看，随着各地保供压力逐步增大，火电新增装机规模将进一步增长。预计火电新增 4500 万 kW 左右，占全年新增装机规模的 40.8%，同比增加约 9.2 个百分点；其中煤电将占到火电新增规模的 76.6%，达到 3500 万 kW 左右，煤电累计装机规模不断逼近国家电力"十三五"规划中设定的发展目标。

太阳能发电不确定性因素增加，保守估计新增规模将有较大幅度降低。

2019 年初至今，国家部委先后出台促进新能源发电无补贴平价上网❶、2018 年度光伏发电市场环境监测评价❷等相关政策文件，并召集相关企业就最新光伏发电建设管理相关工作征求意见，旨在完善产业发展政策，引导企业理性投资，促进光伏产业高质量发展。随着可再生能源补贴缺口持续扩大，国家能源主管部门意图主动转变当前的补贴模式，加速降低补贴规模和补贴力度，激发光伏产业内生发展动力。在当前政策尚不明朗以及 2019 年政府工作报告中提出要加快解决风、光、水电消纳问题等多方面因素制约下，保守估计年度新增建设规模在 2500 万 kW 左右，同比下降约 45％。

风电发展利好因素持续，新增规模有望继续扩大。在风电投资红色预警地区数量逐步缩减❸、跨省跨区通道配套新能源电源建设加快等多重因素驱动下，风电将有望延续近两年新增规模不断扩大的趋势，预计全年新增规模 2800 万 kW，较上年新增规模增加三成。

水电新增规模低于上年水平。预计新增规模达到 710 万 kW，其中常规水电新增 620 万 kW，同比减少 15.9％；抽水蓄能新增 90 万 kW，同比减少 30.8％。2019 年全国部分拟投产水电项目见表 5 - 1。

表 5 - 1   **2019 年全国部分拟投产水电项目**   万 kW

类　　型	项目名称	流域（地区）	装机容量
常规水电站	吉林丰满水电站	松花江	120
	云南黄登水电站	澜沧江	47.5（已投产 142.5）
	云南大华桥水电站		23（已投产 69）
	云南乌弄龙水电站		99
	云南里底水电站		28（已投产 14）
	甘肃刘家峡排沙洞扩机工程	黄河	10（已投产 20）

---

❶ 《国家发展改革委、国家能源局关于积极推进风电、光伏发电无补贴平价上网有关工作的通知》（发改能源〔2019〕19 号）。

❷ 《国家能源局综合司关于发布 2018 年度光伏发电市场环境监测评价结果的通知》（国能综通新能〔2019〕11 号）。

❸ 《国家能源局关于发布 2019 年度风电投资监测预警结果的通知》（国能发新能〔2019〕13 号）。

续表

类　型	项目名称	流域（地区）	装机容量
小计	—	—	327.5
抽水蓄能	安徽绩溪抽水蓄能电站	安徽绩溪	90（在建90）
小计	—	—	90
合计	—	—	417.5

核电投产机组台数较上年有明显减少。2018 年是核电投产大年，全年并网核电机组 8 台，其中 7 台机组投入商运，新增基数大。相比上年，2019 年拟投产山东海阳核电站 2 号机组、江苏田湾核电站 5 号机组、广东台山核电站 2 号机组和阳江核电站 6 号机组，全年新增规模预计将达到 528 万 kW，同比降低 40.3%。2019 年全国拟投产核电项目见表 5-2。

表 5-2　　　　　**2019 年全国拟投产核电项目**　　　　　万 kW

地　区	机　组	容　量
山东	海阳核电站 2 号机组	125
江苏	田湾核电站 5 号机组	119
广东	台山核电站 2 号机组	175
	阳江核电站 6 号机组	109
合计	—	528

分区域看，各地区电源装机增速继续分化，区域间装机规模梯队化特征依然显著。华北地区依然是电源装机增速最快的地区之一，预计 2019 年增速将达到 7.2%。华中地区电源装机增速将达到 7.1%，主要受部分停缓建煤电机组投产、新能源建设加快等因素的影响。西北、东北地区电源装机增速高于全国平均水平，分别达到 7.0% 和 6.9%，其中东北主要受新能源投资解禁影响，西北主要受跨省跨区配套电源建设影响。华东、南方和西南地区电源装机增速低于全国平均水平，分别为 4.7%、4.5% 和 1.7%。华东主要是新增煤电受限、无新投产核电机组，西南主要受大型水电站建设缓慢制约。预计 2019 年，各地区电源装机比重增减和排序升降变动较小。华北地区电源装机规模依然最大，预计将

达到 4.8 亿 kW 左右；华东次之，约 3.9 亿 kW；南方地区约 3.4 亿 kW。三者占全国电源总装机的比重分别为 23.8%、19.6% 和 17.0%，其中华北装机比重增加 0.3 个百分点，华东和南方地区比重分别减少 0.2 个百分点。西北装机规模预计将达到 2.9 亿 kW，占比 14.4%，较上年增加 0.2 个百分点。华中装机将达到 2.6 亿 kW，占比 12.9%，较上年增加 0.2 个百分点。东北和西南依然是装机规模较低的两个地区，预计装机将分别达到 1.2 亿、1.3 亿 kW，占比分别为 6.0% 和 6.3%。2019 年全国电源新增及总装机布局预测情况见图 5-2。

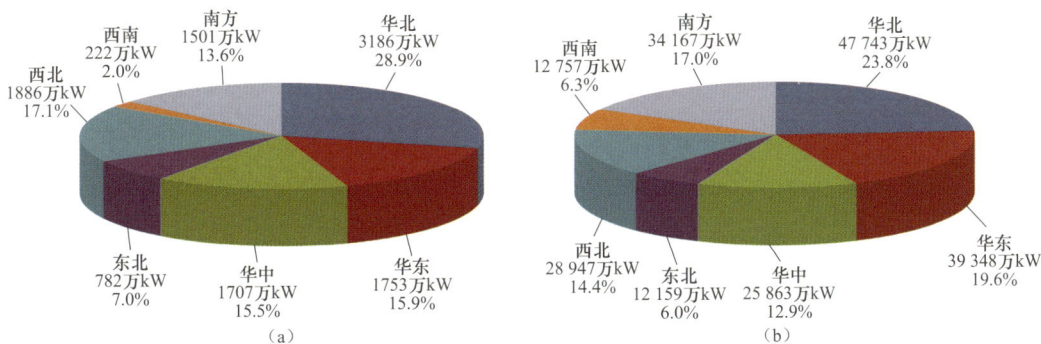

图 5-2　2019 年全国电源新增及总装机布局预测情况

(a) 新增电源装机布局；(b) 总装机布局

注：本章中，东北地区包括黑龙江、吉林、辽宁三省，华北地区包括北京、天津、河北、山西、山东及蒙东地区。

5.1.2　电力供需形势预测

综合考虑国际经济走势、中美贸易摩擦以及国内政策实施等因素的影响，对电力需求进行了测算，预计 2019 年全国全社会用电量为 7.3 万亿～7.4 万亿 kW·h，同比增长 5.0%～7.0%；全国统调最高负荷为 10.6 亿～10.8 亿 kW，同比增长 6.9%～8.9%。

综合考虑电力需求和电力供应预测，预计 2019 年全国电力供需形势总体平衡，部分地区高峰时段电力供应紧张。分区域看，主要受电力需求增长较快、发电装机及受电通道增长不足影响，华北、华中电网供需紧张；西南电网供需偏紧；华东电网供需平衡；南方电网供需平衡有余；东北、西北电网电力供应富余。

5.2　2019 年发电能源供应能力预测

5.2.1　电煤供应能力预测

预计 2019 年煤炭需求与上年基本持平或有小幅增长，随着优质产能陆续释放和煤炭进口规模逐步稳定，煤炭市场供需总体平衡。

能源结构优化调整政策持续发力，煤炭消费比重将进一步降至 58.3% 左右。《打赢蓝天保卫战三年行动计划》要求重点区域继续实施煤炭消费总量控制；到 2020 年，全国煤炭占能源消费总量比重下降到 58% 以下；新建耗煤项目实行煤炭减量替代。按照煤炭集中使用、清洁利用的原则，重点削减非电力用煤。2019 年，在燃煤锅炉、窑炉、港口岸电等重点领域替代电量将有望超过 1400 亿 kW·h[❶]。2019 年政府工作报告中提出要调整优化能源结构，推进煤炭清洁化利用，健全天然气产供储销体系；大力发展可再生能源，加快解决风、光、水电消纳问题。在煤炭消费持续控减、清洁能源规模不断扩大的总体趋势下，预计 2019 年，全国能源消费总量约 47.2 亿 t 标准煤，同比增长 1.7% 左右；煤炭消费量控制在 40 亿 t 以内，与上年基本持平或有小幅增长；煤炭消费量约占一次能量消费总量的 58.3%，比重同比下降约 0.7 个百分点；非化石能源消费占比将超过 15%，提前实现 2020 年的发展规划目标。

电煤需求成为影响新增煤炭消费增长的重要因素。2018 年电煤对煤炭消费拉动作用显著，预计 2019 年电煤消费仍将延续近两年的增长态势。一方面，煤电装机突破 10 亿 kW 大关后，预计 2019 年仍将有 3500 万 kW 左右的新增规模，煤电装机总规模较 2018 年同比增长约 3.5%；另一方面，《打赢蓝天保卫

---

❶　资料来源：国家电网有限公司促进清洁能源发展新闻发布会。

战三年行动计划》提出要提高电力用煤比例，2020 年全国电力用煤占煤炭消费总量的比重达到 55％以上。初步估计 2019 年煤电发电量同比增长 2.5％左右，电煤需求在 21.5 亿 t 左右，约占煤炭消费总量的 54％。

统筹国内国外两个市场，煤炭供应能力进一步增强。国内市场看，按国家能源局最新公布数据，截至 2018 年底，安全生产许可证等证照齐全的煤炭产能为 35.3 亿 t/年；已核准（审批）、开工建设煤矿产能为 10.3 亿 t/年，其中已建成、进入联合试运转的煤矿产能为 3.7 亿 t/年。总体产能相对过剩，能够满足近期的煤炭消费需求。预计 2019 年国内新增煤炭产量 1 亿 t 左右，煤炭产量达到 38.0 亿 t 左右。国外市场看，"十三五"以来，煤炭进口量持续保持增长趋势；在进口煤炭来源国构成及其产能相对稳定的前提下，预计 2019 年煤炭进口量将达到 2.8 亿 t 左右。

煤炭价格趋稳将缓解电煤季节性、区域性供需紧平衡形势。2018 年以来，煤炭价格在合理区间波动，但仍处高位。当前发展面临的环境更复杂、更严峻，经济下行压力持续加大，积极推进煤炭产、运、需三方中长期合同签订并履约，保持煤炭价格总体平稳或促进价格回落对稳定经济社会发展大局至关重要。国家发展改革委《关于做好 2019 年煤炭中长期合同签订履行有关工作的通知》（发改办运行〔2018〕1550 号）中要求，鼓励支持更多签订 2 年及以上量价齐全的中长期合同；中央和各省区市及其他规模以上煤炭、发电企业集团签订的中长期合同数量，应达到自有资源量或采购量的 75％以上，且不能低于上年水平；全年中长期合同履约率应不低于 90％。同时，在铁路运力方面，要求新增运力优先配置和保障中长期合同的需求。预计 2019 年 10 月蒙华铁路将全线通车，对保障华中地区能源供应以及铁水联运支援川渝及华东地区，都将发挥积极作用。

5.2.2　发电天然气供应能力预测

预计 2019 年我国天然气市场供需将延续相对平衡态势。天然气需求将继续保持较快增长，国内天然气产量稳步增长，进口量保持快速增长，储气调峰能力稳步提升，季节性供需矛盾进一步缓解。

在气价调整和装机规模增加的共同驱动下，发电用气需求将继续保持较快增长。气价方面，根据最新增值税税率调整情况，国家发展改革委决定自 2019 年 4 月 1 日起，调低各省（区、市）天然气基准门站价格，将增值税率降低的好处让利于用户，预计将进一步助推天然气消费量增长。装机方面，预计 2019 年，天然气发电新增装机规模 1000 万 kW 左右，年底装机达到约 9400 万 kW，同比增长约 12.8%；全年发电量达到 2450 亿 kW·h 左右，发电用气需求约 520 亿 m³，同比增长 10.6%。预计 2019 年，全国天然气表观消费量❶约 3080 亿 m³，同比增长约 10%，其中发电用气量占比达到 17% 左右。2019 年全国部分拟投产天然气发电重点项目见表 5-3。

表 5-3　　　　　　2019 年全国部分拟投产天然气发电重点项目　　　　　　万 kW

地　区	机　组	新投产容量
天津	南疆燃气热电厂	90
	军粮城电厂煤改燃燃气机组	65
上海	申能奉贤热电	92
江苏	无锡东亚燃机电厂新建项目	40
	大唐金坛 9F 燃机项目	40
	张家港华兴 F 级燃机扩建项目	80
河北	石热九期燃气	92
	石家庄北郊燃机热电项目	40
	廊坊燃气热电项目	40
河南	周口燃气热电站项目	45
	洛阳万众吉利燃气热电站项目	45
广东	惠州天然气电厂扩建热电联产工程	46
	粤电中山三角项目	92
	黄埔电厂天然气热电联产工程	80

❶　资料来源：中国石油集团经济技术研究院《2018 年国内外油气行业发展报告》。

地　区	机　　组	新投产容量
广东	东莞虎门港天然气热电冷联产项目	40
	东莞谢岗华能天然气热电联产项目	80
海南	文昌气电	46
合计	—	**1053**

天然气多元化供应体系和产供销储体系加快建设，发电用气供应保障能力不断增强。预计 2019 年我国全年天然气供应总量约 3138 亿 m^3[1]。国内方面，中共中央办公厅、国务院办公厅《关于统筹推进自然资源资产产权制度改革的指导意见》中提出有序放开油气勘查开采市场，完善竞争出让方式和程序；同时，随着天然气行业混合所有制改革和油气管网体制改革的有序推进，以及储气设施建设和储气调峰辅助服务市场机制的不断完善，不同资本主体将积极增加国内天然气勘探开发力度和天然气管网及储气基础设施投资建设。预计国内天然气产量将达到 1708 亿 m^3，同比增长约 6.1%。天然气进口方面，随着中俄东线、中海油唐山 LNG 接收站、中海油天津 LNG 接收站等基础设施陆续投产，天然气进口量将保持持续增长。预计 2019 年天然气进口量将达到 1430 亿 m^3，同比增长约 14%，占消费量的比重为 46.4%，对外依存度继续走高。2019 年我国天然气供应结构预测情况如图 5-3 所示。

5.2.3　发电来水情况分析

据气象水文初步预测，受厄尔尼诺影响，**2019 年我国气象水文年景总体偏差，洪涝干旱灾害可能偏重，水旱灾害防御形势不容乐观**[2]，**降雨呈"南多北少"分布，极端天气事件将偏多**[3]。江淮、江南、华南北部降水偏多，长江中

---

[1]　资料来源：中国石油集团经济技术研究院《2018 年国内外油气行业发展报告》。

[2]　资料来源：水利部 2019 年水利系统汛期雨水情趋势预测会商会。

[3]　资料来源：水利部网站"水利部召开全国水旱灾害防御工作视频会议、进一步安排部署全国水旱灾害防御工作"。

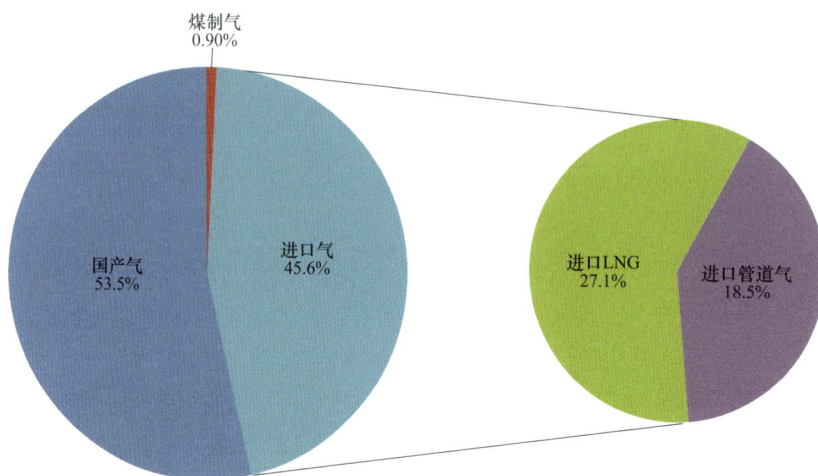

图 5 - 3　2019 年我国天然气供应结构预测情况

数据来源：《2018 年国内外油气行业发展报告》。

下游、珠江、淮河流域可能发生区域性较大洪水。

　　主汛期，预计长江流域降水量整体偏多，上游降水略偏少，中下游降水偏多，其中长江上游大渡河、岷沱江、嘉陵江流域降水偏少 2 成，长江中下游大部分地区尤其是两湖流域降水偏多 2～5 成。黄河流域，降水整体偏少，除源头地区和中游南部偏多 0～2 成外，其他大部地区偏少 0～2 成。珠江流域，汛期降雨正常，但前汛期降雨偏多，后汛期降雨偏少。西江、北江可能发生区域性较大洪水。松辽流域，气象状况总体偏差，松花江、辽河可能发生局地暴雨洪水。海河流域，降水整体接近常年，东部及南部徒马河流域偏多 1 成，其余地区正常偏少。淮河流域，总降水量较常年偏多，除西北部降水偏少外，其余大部分地区降水偏多，其中南部地区偏多 2 成以上。分区域看，江淮南部、江南、华南北部降雨较常年明显偏多，华北和西北等地部分地区可能出现较重夏旱。

　　根据气象部门对重点流域降水量预测结果分析，2019 年我国西南水电基地来水略偏枯；随着各方就有效缓解弃水逐步达成共识，弃水电量将有所下降；预计四川、云南等地区新增水电装机约 300 万 kW 左右，新增规模有限。总体上看，西南水电发电量预计接近正常水平。

6

电源发展专题分析

2014 年 6 月，习近平总书记提出"四个革命、一个合作"能源安全新战略，至今已经五年。2019 年是全面建成小康社会、实现第一个百年奋斗目标的关键之年，更是能源领域全面完成国家"十三五"能源电力规划既定目标、抓紧研究"十四五"规划重大问题的奋进之年。当前，在电力行业迈向高质量发展过程中，电源与电网协调发展面临一系列新挑战，合理确立新能源开发布局成为促进电源清洁化发展的关键。此外，作为推进能源转型的重要手段，储能技术在近年来技术经济性不断提升，其在未来电力系统中的发展前景备受关注，如何有效解决不同应用场景下发展的关键问题成为人们关注的焦点。因此，本章就电源与电网协调发展、"十四五"新能源开发布局、电力系统中储能发展关键问题等开展专项研究。

6.1 电源与电网协调发展关键问题研究

按照 2018 年底中央经济工作会议坚持以供给侧结构性改革为主线不动摇的精神，继续扎实推进电力领域的供给侧结构性改革，推动电力行业由"保供应"向"高质量"发展转变，加强网源协调是关键。为此，本专题通过分析当前电源与电网协调发展面临的一系列问题，提出促进网源协调发展的政策建议。

总体来看，网源协调发展要从"硬件和软件"两方面推进。"硬件"是电源和电网基础设施建设布局的协调，是电力高质量发展的物理基础；"软件"是政策保障、机制设计等要与当前电力发展面临的实际问题相协调，决定了电力高质量发展潜力的释放程度，二者缺一不可。

6.1.1 电源与电网协调发展面临的重大挑战

（一）电源和电网建设方面

（1）电网方面，要实现电网互联互通、电力互补互济对区域协调发展战略的有效支撑和精准对接，为电力资源的大范围优化配置和省区内高效利用提供物理基础。当前，特高压电网"强直弱交"的结构性问题、部分跨省区输电通道利用率和配电网智能化水平不足是电网发展面临的三大挑战。

第一，部分跨区输电通道利用效率有待提升。

当前，约 2190 万 kW 特高压配套煤电纳入停建、缓建名单，配套电源建设进度相对滞后，以风光火打捆等形式外送的跨区输电通道利用率不足，与设计输送功率存在一定差距。例如，天中、灵绍、锡泰、雁淮、祁韶、昭沂和吉泉等直流通道需配套煤电 5356 万 kW，然而，截至 2018 年底煤电投产规模仅为 990 万 kW。送端地区由于煤电电源少、新能源装机多，电压支持能力不足，过电压问题突出，无法支撑部分跨区直流按设计输电能力运行。值得注意的是，随着煤电去产能顺利推进，2019 年初国家能源局发布的煤电建设预警显示，全国红色预警省份数量由 2019 年的 28 个[1]缩减至 2022 年的 8 个，煤电项目审批将随着产能过剩的好转逐步放宽。结合地区电力供需形势和项目进展，部分特高压输电线路配套煤电建设年内有望解禁，通道利用率将逐步提升。

第二，特高压电网"强直弱交"问题突出，对电网安全和运行效率存在制约。

面对新能源大规模快速发展，亟须解决多直流馈入地区的系统安全问题。目前，部分受端特高压交流电网结构不完整，直流馈入容量大、落点密集，交直流相互影响程度高。在目标网架建成前，网架的电压支撑能力不足，潮流疏散能力有待加强。以华北—华中同步电网为例，华北和华中联网 8 年多来仅通过东南—南阳—荆门特高压交流单线联网，输电通道若发生故障将带来极大安全风险。为防止同步电网解列，保证电网安全，哈郑、酒湖等特高压直流输电通道被迫降低输电功率，限制了电网输电能力的充分发挥。

第三，配电网建设质量、智能化水平有待提高。

城市配电网方面，在城镇化快速发展、居民生活电气化水平持续提高的影

---

[1]　资料来源：国家能源局《关于建立煤电规划建设风险预警机制暨发布 2019 年煤电规划建设风险预警的通知》，2016。

响下，分布式电源、储能、电动汽车等各类供用电形态快速发展，其广泛接入和即插即用的特点对配电网运行的灵活性、互动性、智能化水平提出了更高要求。农村电网方面，随着乡村振兴战略的深入推进，光伏扶贫已成为精准扶贫、高效扶贫的重要途径，"光伏＋渔业""光伏＋生态旅游"有望成为惠农富民的有效手段。然而，当前农村电网基础仍较为薄弱，为有效适应分布式光伏接入及用电需求快速增长，仍需采取电网扩容、升级改造等手段补齐电网建设短板。

（2）电源发展方面，以风光为代表的清洁能源发电在时间维度上具有季节性、时段性的波动和随机特点，在地域上又受限于资源分布不均衡，需要多资源互补、跨地域互补，目前的能源电力基础设施建设还难以实现多能互补、时空互济、协调运行的要求。局部地区新能源消纳存在瓶颈，以及适应东中部地区新能源发展的管理和调控水平有待提升是当前两大挑战。

第一，局部地区新能源消纳仍面临一定压力。

2018 年，在多方的共同努力下新能源消纳形势整体好转，各级能源主管部门引导新能源年度新增规模和布局有序发展，电网企业认真落实国家新能源发展监测预警政策要求，但同时仍存在一定压力。

首先，新能源装机有序发展控制难度较大。各地区陆续解除红色预警，新能源发展诉求还很强烈，加之风电、光伏平价上网项目和分散式风电、分布式光伏加快推进，新能源装机控制在规划规模内难度很大。根据并网和已核准（备案）未并网的新增装机规模统计，预计 2019 年底"三北"地区风电和太阳能发电装机将大幅超过"十三五"规划发展目标，网源协调有序发展仍是新能源消纳的重要压力之一。

其次，电力系统调节能力不足。一是抽水蓄能方面，发达国家抽水蓄能电站比重普遍高于我国。在日本，该比重为 8.5％；在意大利、西班牙、德国、法国，比重为 3.5％～6.6％；我国 2018 年底抽水蓄能占比仅为 1.6％左右。尽管 2018 年底我国已开工多座抽水蓄能电站，但通常跨省区输电通道建设周期为

2～3年，新能源发电项目建设周期为1年，与抽水蓄能6～7年的建设周期不匹配。**二是气电方面**，天然气是国家重要的战略性资源，发电用气由国家统一调配，尚不能以电力系统需求来确定。尤其当前国内天然气产量增速较低，仍需要大规模进口天然气，且2018年我国天然气对外依存度突破40%。因此，调峰气电主要布局在华东等电价承受力较高的地区，未来大规模发展尚不具备条件。**三是水电方面**，四川、青海等地调节性水电基本已开发完毕。青海省内黄河上游大型水电站需满足灌溉、防洪、防凌、工业用水、居民用水需求，当前以龙羊峡为龙头水库的黄河上游水电站群的调节能力已充分挖掘，未来可释放的调节能力有限。四川待开发水电也以径流式为主。**四是核电方面**，从运行经济性、技术标准、操作规范和运行经验等方面看，目前我国核电机组不适合频繁参与调峰，仅在重要节假日期间降负荷运行。**五是煤电方面**，灵活性释放还远远不够。国家《电力发展"十三五"规划》提出，要全面推动煤电机组灵活性改造，"十三五"期间力争完成2.2亿kW火电机组的灵活性改造。然而，由于配套政策和市场机制缺乏，各发电企业对火电灵活性改造的积极性不高，改造的总体进展严重滞后。特别是消纳矛盾突出的新疆、甘肃，分别仅完成93万kW和66万kW。

第二，适应东中部地区新能源发展的管理和调控机制有待完善。

首先，东中部分散式风电发展将对电网控制和调度运行管理带来一定影响。一是分散式风电并网易发生潮流反向，电压控制难度增加。分散式风电波动性、随机性强而自身调节能力差，并网后将降低电网运行的经济性。在夜间用电低谷时段，又极易发生潮流反向，较分布式光伏更为突出，导致风机向电网注入功率过高，降低了电网电压安全裕度，易造成电压越限，给电网安全带来隐患。这在配电网薄弱、短路容量较小的农网地区尤为明显。

二是分散式风电点多面广，工况各异，网源协调难度的增加不利于系统整体效率的提升。目前分散式风电项目不受年度指导规模限制，存在可集中开发的风电场拆分为分散式风电报批的现象。此外，分散式风电反调峰特征明显，局部地区因调峰容量不足将很可能出现弃风限电现象。以山东电网为例，若2035 年发展规模达到 4000 万 kW，在供暖期典型日模拟下，受火电调节能力有限、直流受入规模较大等多因素影响，日弃风率达到 8％。

其次，海上风电在并网管理、电力输送、运行控制等方面仍存在一些问题有待破解。

近年来，凭借风能资源丰富、风强度大、出力水平较高、场址靠近东中部负荷中心等优点，海上风电迎来了快速发展，成为风电产业发展的焦点。截至2018 年 11 月底，我国海上风电累计装机约 360 万 kW，在建项目约 600 万 kW，按目前情况来看，预计可实现"十三五"规划发展目标❶。目前，大规模海上风电开发及并网仍面临一系列挑战。

并网管理方面，一是相较陆上，海上气象条件、气候环境更加复杂，适用于海上风电的功率预测模式不同于陆上。目前相关研究起步晚、预测结果精度低，还不能有效满足实际需要。**二是**随着海上风电场址离岸距离增加，并网线路距离将显著增长，由此将带来无功补偿和电压调节问题。若发生故障，海上风电动态无功特性还将对直流并网点电压产生直接影响，进一步影响受端电网交流母线电压。

电力输送方面，一是直流输电技术有待提高。柔性直流输电成为目前海上风电输送的技术首选，考虑到远距离送端风电布点分散、受端负荷中心可能位于不同区域等因素影响，还需进一步发展多端直流输电技术，提升运行的灵活性。**二是**海上风电场集变电系统优化设计技术的实用性待加强。海上风电的地理环境特殊、运行条件恶劣，集变电系统发生故障后，检修维护难度大，亟须实现技术自主创新，提高技术应用的落地效果。

运行控制方面，远程集群控制技术需要向高阶迈进。随着海上风电大规模发展，受端电网风电渗透率将显著提高，如何实现广域风电场集群的协调控

❶ "十三五"规划的海上风电目标为：开工建设 1000 万 kW，累计并网 500 万 kW 以上。

制，以提升电网运行调节能力、实现系统紧急情况下的电网安全稳定控制就显得尤为关键。

（二）体制机制方面

（1）送受端在跨区输电项目实施之前未签订中长期送受电协议，"高峰不给，低谷不要"时有发生。我国电力市场建设尚处于初期，依据国外典型成熟电力市场经验，中长期交易和现货交易都是完整市场体系的重要组成部分，并且大多数电力市场以中长期交易为主。目前，我国省间送电交易机制仍不完善，祁韶、雁淮、鲁固等直流缺乏长期送受端送电协议，受端省份受电力价格、保护当地电源等因素影响往往以各种理由限制外来电，省间能源大范围优化配置壁垒仍然存在。

（2）电力市场机制有待完善。市场化交易尚未完全放开，交易空间受挤占。尤其在"三北"地区，保障性收购的新能源和供热机组基本不参与市场化交易，其中转供热的火电机组不断增加，在热电比达不到要求的情况下，占用大量的优先保障发电空间，降低了电力市场的灵活性。而常规火电燃煤价格不断上涨，市场化交易的规模、价格效益均未能有效释放。同时，市场化交易机制不完善。以自备电厂为例，其本应承担的对农网建设、民生用电、新能源消纳任务等普遍服务责任的补贴全部转移至公共电网用户，在一定程度上推高了企业用能成本，影响了新能源消纳，也带来了市场的不公平竞争。

（3）电力行业开放共享程度不足，影响上下游资源整合。当前发电企业、电网企业及上下游企业之间在基础设施及数据资源方面的共享缺失，重复建设及信息孤岛等问题突出，"互联网＋"和大数据等技术在电力行业上下游充分融合中的瓶颈尚未打通，数据共享和信息互通对网源协调发展、系统整体能效的提升潜力还没有充分发挥。

6.1.2 促进电源与电网协调发展的政策建议

（1）落实电力高质量发展要求，加强顶层设计，促进网源协调。2018 年底的中央经济工作会议指出，我国经济运行的主要矛盾仍然是供给侧结构性的，必须坚持以供给侧结构性改革为主线不动摇，更多采取改革的办法，更多运用市场化、法治化手段，在"巩固、增强、提升、畅通"八个字上下功夫。扎实推进电力高质量发展，实现从以粗放供给满足刚性需求到以科学供给满足合理需求的转变，是电力领域落实供给侧改革的核心要求，促进电力与经济社会发展及行业自身各环节相协调是重要途径。

在顶层设计方面，应进一步明确国家能源主管部门和地方政府在电力规划中的主导地位，着重加强"网-源-荷-储"的协调规划和布局引导，统筹优化电源投产的规模、结构和时序。发电企业、电网企业、地方政府和能源主管部门等应坚决落实国家能源局 2016 年印发的《电力规划管理办法》（国能电力〔2016〕139 号，以下简称《办法》）"明确职责，统筹规划，简政放权"的总体原则，以及"上下统筹""网源统筹""多种能源统筹""区域统筹"的具体要求，从源头上缓解电力领域的供应结构性过剩问题，实现电力行业高质量发展。

（2）加快全国统一电力市场建设，推动形成科学合理的省间送电交易机制。推动全国电力市场体制机制建设，完善跨区跨省电力交易方式，丰富辅助服务提供主体，通过市场手段实现清洁能源资源在更广范围内的优化配置，提升区域间资源配置效率。着力打破省间壁垒，统筹考虑送端电源汇集方式、受端消纳市场等因素，推动送受端地方政府、电网企业和发电集团在新增跨区输电项目实施之前签订长期送受电框架协议，提高电力资源大范围优化配置水平，提升电力系统整体效率，释放改革红利。

（3）推动跨区通道配套电源建设，着力提升通道利用效率。科学研判跨区直流输电通道的配套电源需求，同步加强送受端配套电网建设，释放跨省跨区输电工程的输电能力。推动未落实的配套电源项目尽快纳入规划、尽快核准建设，加快送端电源改接，停缓建电源项目移出禁建名单，在建电源项目尽早投产并适时安排送出工程建设。

(4) 大力推进交直流协调发展。优化以特高压、超高压为核心的骨干网架，通过增强动态电压支撑、完善馈入直流落点等手段促进交直流电网协调运行。进一步完善送端东北、西北、西南地区 750/500kV 网架结构，推进受端华北、华中、华东、南方地区区域主网架建设，提升送受端电网电力外送/接纳能力，保证跨区直流安全稳定运行。加强区域内省间电网互联互通，建立跨省区旋转备用共享机制，充分利用跨省区调节资源。优化区域内各省主网架建设，满足提升送电/受电能力、提高电网安全稳定水平、控制短路电流超标等需要。

新增跨区输电通道应充分利用送受端电网的支撑能力，在送端通过超高压交流主网架汇集各类电源，在受端地区利用特高压/超高压交流网架转送功能，统筹考虑区域内电力供需特点和省间互济能力，扩大输电通道参与电力平衡范围。

(5) 加强大规模海上风电的规划研究、并网管理和调控技术。**规划布局方面，**海上风电穿透率的季节特性较明显，春季、冬季风电穿透率最高，夏季风电穿透率最低。海上风电反调峰特性明显，尤其是在地区电网范围消纳时，全年大部分时间均呈反调峰特性。优化海上风电规划布局需要从系统"源-网-荷"三方面着手，考虑区域电网平衡能力和需求侧响应水平，深化研究适用于海上风电的多端柔性直流技术，提升集变电系统设计水平，优化直流电网拓扑，提升交直流混合电网运行的可靠性和灵活性。**并网管理方面，**结合海上风电场地理环境、气象条件等方面实际情况，研究适用于海上风电的高精度功率预测技术，注重积累实际运行经验和相关数据；系统分析海上风电运行与受端电网交互机理，改进无功电压控制措施。**调度控制方面，**借助数字化技术增强海上风电场的远程运行监控能力，研究海上风电场的分布式协同控制策略和故障穿越控制策略，探索极端情况下的受端电网安全防御控制手段。

(6) 提升配电网智能化水平。

一是借助大数据、人工智能、云计算等先进数字技术增强配电网的智能感知、友好交互能力。着力加强新能源并网、微网等智能电网技术研发应用，推动智能电网先进基础设施和装备关键技术、信息通信技术及调控互动技术研发示范。完善并推广应用需求侧互动技术、虚拟电厂（VPP）及电动汽车入网（V2G）技术，提升电网系统调节能力。

二是积极落实国家 5G、人工智能、工业互联网、物联网等"新型基础设施建设"的发展战略，着力推进新型能源基础设施建设。在认知上实现从"连接节点"到"能源枢纽"、从"电网互联"到"生态平台"、从"分享成果"到"创造共享"的转变，共同打造和完善泛在电力物联网生态圈。从技术上集中攻关能源互联网核心装备技术、系统支撑技术，重点推进面向多能流的能源交换路由器技术、能量信息化与信息物理融合技术、能源大数据技术及能源交易平台与金融服务技术等。通过技术突破带动能源互联网业务模式创新和新型业态发展，进一步促进城市能源系统的数字化转型，为智慧城市发展与建设提供可靠支撑。

三是围绕服务国家乡村振兴、脱贫攻坚等战略，高质量推进农村电网改造升级，补强农网薄弱环节，提高乡村电气化水平。探索多类型能源扶贫方式，在满足乡村用能需求的同时提高乡村可持续发展水平，为乡村振兴提供坚实支撑。

6.2　基于不同消纳理念的"十四五"新能源发展研究

随着新能源"平价上网"时代的加速到来，新能源增长动力依然强劲。"十四五"期间能否顺利实现能源转型目标，关键是要解决好新能源与各类电源、灵活调节资源的优化配置与协调发展问题，合理调控开发规模布局与科学制定消纳指标尤为重要。

为此，本专题基于对新能源消纳不同理念，设计了"十四五"期间新能源发展的不同情景和方案，将新能源消纳指标根据发展情景设计分别作为约束条件或优化变量；通过分析"十四五"新能源发展规模、开发布局及利用水平等关键问题，提出了相关建议。

6.2.1 5%弃电率❶目标下新能源发展情景分析

"十三五"期间，我国新能源发展重心逐步由西部北部地区向东中部地区转移❷。对于"十四五"新能源发展，考虑以下两种方案并分析相应的计算结果。

方案一：延续"十三五"期间西部北部与东中部新能源新增装机布局比例。

计算结果显示，**2020—2025 年西部北部地区新增新能源装机约 1 亿 kW（不含内蒙古西部约 1800 万 kW），2025 年全国总规模达 7.4 亿 kW**。为完成新能源弃电率 5%以内目标，西部北部地区需多投资 1400 亿元建设外送通道，花费 670 亿元用于投资和改造各类灵活调节电源。这种开发方式经济性相对较差，同时也会给电网安全运行带来更多压力。

方案二：新能源布局进一步向东中部地区倾斜。

计算结果显示：

（1）"十四五"期间西部北部地区新增新能源装机不宜超过 8200 万 kW（不含内蒙古西部 1800 万 kW）。 由于西部北部地区投资成本低、资源条件好，随着红色预警逐渐解除❸，以及平价上网项目不受年度建设规模限制❹等政策出

---

❶ 考虑到新能源装机主要分布在国家电网公司经营区，因此以国家电网公司经营区作为主要测算对象。

❷ 根据新能源开发特点，本专题西部北部地区指西北、东北、华北送端地区（内蒙古西部、山西和河北的张家口、承德等新能源资源富集地区），不包含西南地区；东中部地区指华东、华中、华北受端地区，未包含南网。

❸ 风电红色预警地区已由最初的 6 个省份降至 2019 年的 2 个省份，目前只有甘肃、新疆两省（区）。光伏红色预警地区目前还剩甘肃、新疆、西藏。

❹ 2019 年 1 月，国家发展改革委、国家能源局发布的《关于积极推进风电、光伏发电无补贴平价上网有关工作的通知》中提出平价上网和低价上网项目不受年度建设规模限制。

台，"十四五"期间新能源装机增长可能向西部北部地区加快回流。**为此，需要考虑在西部北部地区对平价上网新能源项目进行规模管控。**

（2）东中部地区可充分利用本地消纳空间发展新能源。通过统筹开发海上风电、分散式风电和分布式光伏，可在华东、华中、华北受端等地区新增装机约 1.39 亿 kW。

（3）电力供应总成本可下降 450 亿元，同时全国新能源装机总规模可增至 7.5 亿 kW。相对方案一，在增加 1000 万 kW 新能源装机基础上，可降低约 500 万 kW 灵活调节资源容量需求以及 800 万 kW 输电容量需求，相当于减少一条西北外送通道建设。

（4）2025 年西部北部地区（不含内蒙古西部）新能源弃电率为 7.1%，东中部地区新能源弃电率为 2.7%。"十四五"期间，甘肃、新疆红色预警地区新能源消纳仍面临较大挑战，仍需要继续采取相关消纳保障措施；东中部地区电力负荷规模大，新能源比例相对较低，且抽水蓄能、燃气发电等灵活调节电源比例较高，能够更有效提高新能源消纳水平，可以实现较低的弃电率。5% 弃电率目标下 2025 年各地区新增装机和弃电率对比如图 6-1 所示。

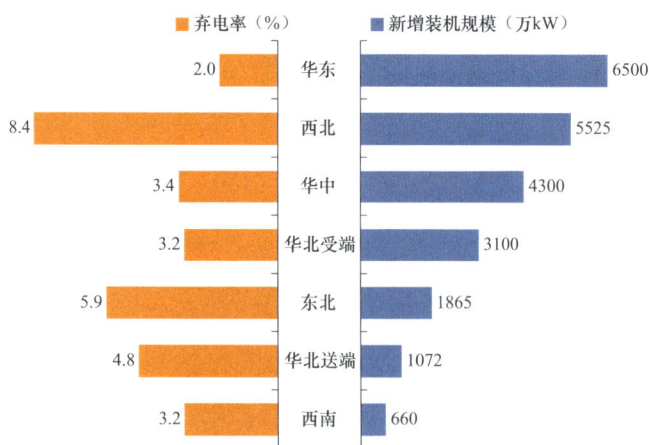

图 6-1　5% 弃电率目标下 2025 年各地区新增装机和弃电率对比

综合以上比较分析，"十四五"期间，如果继续保持总体弃电率不超过 5%

的目标，应坚持新能源集中式与分布式开发并举，合理规划新增规模与布局，进一步向东中部地区倾斜，并继续控制西部北部地区新增规模。对新能源新增规模布局进行优化调整，可以带来以下好处：一是将多释放 1000 万 kW 新能源建设规模；二是将降低西部北部地区弃电率至约 7.1%，缓解该地区消纳压力；三是减少 800 万 kW 西电东送通道需求，有助于大电网运行安全。

6.2.2   "利用率"新内涵下新能源发展情景分析

（一）"利用率"新内涵辨析

2018 年底，国家发展改革委、国家能源局印发《清洁能源消纳行动计划（2018—2020 年）》，指出要"进一步明确弃电量、弃电率的概念和界定标准"，并提出了用"利用率"代替"弃电率"作为新能源消纳评价指标，这为社会各界正确看待新能源消纳问题提供了新的契机。

理论上，新能源发展客观存在系统成本最低的消纳指标。 新能源尖峰电量出现概率低、持续时间短，全额消纳需付出额外成本，降低系统整体经济性。以黑龙江为例，2018 年全年仅 2.2% 时段风电出力能达到额定出力的 70% 以上，这部分发电量仅占可发电总量的 0.6%。若主动削减这部分尖峰电量（视为合理放弃），一方面可降低电网运行压力，另一方面若把相应投资用于新建新能源机组，每年增加的新能源发电量是该尖峰弃电量的 30 倍。

为充分反映新能源消纳指标与系统成本的关系、推动"十四五"新能源科学发展，可考虑对现有新能源"利用率"（100%－弃电率）的内涵进行修正完善，**即"利用率"是计及全社会电力供应总成本最低原则的新能源消纳指标。** 根据新内涵下的利用率管控目标，衡量实际消纳情况。

（二）"利用率"新内涵下的"十四五"新能源发展规模

以国家电网公司经营区为例，测算表明，**2025 年新能源"利用率"管控目标为 92%**。与弃电率 5% 的管控目标相比，可使新能源开发规模更大，在减少电网运行压力的同时，也具有更好的系统整体经济性。具体而言有以下几点：

（1）西部北部和东中部可增加新能源装机 3400 万 kW。其中，西部北部地区 2800 万 kW（不包括内蒙古西部），东中部和西南地区 600 万 kW，新能源发电量净增加 280 亿 kW·h。

（2）西部北部地区外送新能源电量增加 120 亿 kW·h，特高压通道输送新能源比例进一步提高，可减少 1300 万 kW 灵活调节资源需求（主要在西部北部地区），降低电力供应总成本 375 亿元。

（3）提高绿色发展水平。国家电网公司经营区新能源装机占比提高到 30.1％，新能源发电量占比提高到 13.6％。

基于以上分析，综合考虑资源潜力、技术进步、消纳水平等因素，预计"十四五"期间新能源仍可保持快速增长，全国新增装机 2.7 亿～3.1 亿 kW。2025 年全国新能源规模将达到 7.5 亿～7.9 亿 kW，装机占比为 27.2％～28.2％，发电量占比为 12.3％～12.7％，非化石能源消费占比提高至 19.9％～20.1％。

6.2.3　关于"十四五"新能源发展的建议

（1）在弃电率 5％目标条件下，应在坚持新能源集中式与分布式开发并举的同时，推动新能源布局进一步向东中部地区倾斜。东中部地区弃电率需要更低，控制西部北部地区新增装机不宜超过 8200 万 kW（不含内蒙古西部），对于西部北部地区平价上网项目也要纳入规划管控范围，实现有序发展。

（2）为促进新能源科学发展，建议完善新能源消纳"利用率"内涵，即考虑全社会电力供应总成本最低原则的新能源消纳指标。在制订"十四五"电力规划时，合理制定新能源消纳指标，提高系统整体经济性，为新能源更大规模开发释放空间，提高绿色发展水平。

（3）倡导新能源与灵活调节资源并行、协调发展的思路，积极推动扩大市场资源优化配置范围和程度。一方面，要加快开展西部北部地区火电灵活性改造，提升省内新能源受限输电断面能力等；另一方面，要加强省间备用共享，打破省间交易壁垒，通过市场化手段实现省间调峰能力互济。

6.3 电力系统中储能技术经济性对比及发展关键问题分析

　　储能作为国家战略性新兴产业，是适应新能源大规模接入和建设能源互联网的关键支撑技术。随着技术经济性的不断提高，储能发展引起了社会各界的高度关注。考虑到储能技术成熟度及产业发展态势，本专题主要以抽水蓄能和电化学储能为研究对象，分析对比了二者的技术经济性，量化测算了储能未来发展规模及对电力系统产生的影响，针对电源侧、电网侧和用户侧储能科学发展给出了相关建议。

6.3.1 抽水蓄能与电化学储能技术经济性对比

　　（一）技术特性与适用场景比较

　　抽水蓄能和电化学储能技术特性各异。从技术性能指标看，抽水蓄能寿命和持续充放电时间更长；电化学储能启动时间、响应速度更快，能量转换效率更高。**从选址自由度看**，抽水蓄能选址受限因素多、建设周期长；电化学储能对安装环境要求较低、易于组装。**从安全性看**，抽水蓄能设计施工、制造安装、运维等环节均实现国产化，安全性较高。电化学储能存在发生燃烧、爆炸等安全事故隐患，是近年性能改进的重要方向。**从环境友好度看**，抽水蓄能不存在环境污染问题；部分电化学储能技术运行或回收过程中存在有毒元素、酸液等污染物泄漏风险。抽水蓄能和电化学储能技术指标对比见表6-1。

表6-1　　　　　　　抽水蓄能和电化学储能技术指标对比

储能技术	启动时间	能量转换效率（%）			循环次数或寿命年限			持续充/放电时间	响应速度
		2018年	2035年	2050年	2018年	2035年	2050年		
抽水蓄能	秒级	70～80	75～80	75～80	30～50年	30～50年	30～50年	6～12h	分钟级

续表

储能技术	启动时间	能量转换效率（%）			循环次数或寿命年限			持续充/放电时间	响应速度
		2018 年	2035 年	2050 年	2018 年	2035 年	2050 年		
铅炭电池	<1s	70～80	75～80	75～80	3700～4200 次	6500 次	7000 次	小时级	<10ms
锂离子电池	毫秒级	85～90	90～95	90～95	3000～10 000 次	10 000～20 000 次	15 000～25 000 次	小时级	毫秒级
全钒液流	秒级	60～72	70～75	75～80	10 000～15 000 次	15 000～20 000 次	20 000～25 000 次	小时级	毫秒级

从适用场景看，抽水蓄能因其高技术成熟度、寿命长、易大规模等优势仍将在长时间尺度系统级调峰调频领域发挥作用，是电网大规模调峰、调频、电压支持、爬坡等辅助服务市场的主流。电化学储能由于功率密度高、响应速度快、持续放电时间短等特点，更适合分散式、小规模区域级应用，以改善功率品质、经济调度响应特性为主要目的。

（二）经济特性比较

从成本比较来看，当前抽水蓄能经济性更佳。度电成本比较方面，当前抽水蓄能电站投资成本约 4000～6000 元/kW，全寿命周期度电成本约 0.1～0.2 元/（kW·h）。电化学储能中经济性较好的为铅炭电池和锂离子电池技术，但相较抽水蓄能仍然偏高，从度电成本看分别约为抽水蓄能的 2.5～6 倍和 3.5～10 倍。**单位容量成本比较方面**，基于调研获得的最新储能电站造价数据，包括河南电网 100MW 储能工程、江苏镇江 100MW 储能工程、甘肃 720MW·h 储能工程、漳州 100MW·h 储能工程，电化学储能单位容量成本约为 2300～2800 元/（kW·h），是当前抽水蓄能单位容量成本的 2～3 倍。**单位功率成本[①]比较方面**，虽然近年来电化学储能技术成本下降迅速，但相较传统调节手段而言，技术经济性优势仍不明显。铅炭电池和锂离子电池单位功率成本分别为火电灵活性改

[①] 不同储能技术的连续充放电时间并不相同，为保证不同储能技术的可比性，通过考虑储能系统额定容量、额定功率和初始投资中电池成本占比等因素影响，按照可连续充/放 6h 折算电化学储能电站单位千瓦投资成本。

造的 4.3～26 倍和 7～33.4 倍、气电的 3～6.2 倍和 5～8 倍、抽水蓄能的 1.4～
3.3 倍和 2.3～4.2 倍。电化学储能与传统调节手段功率成本对比如图 6-2 所示。

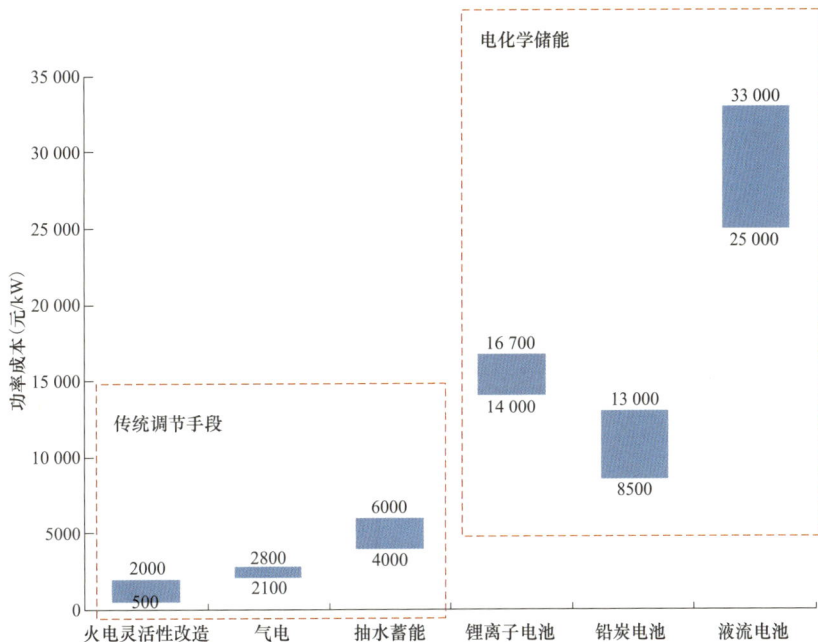

图 6-2 电化学储能与传统调节手段功率成本对比

**中长期来看，抽水蓄能技术单位千瓦成本将有所抬升，电化学储能成本预
期将大幅下降。**考虑到抽水蓄能电站选址受限，新增项目开发难度不断加大，
预计未来单位千瓦成本将有所上升，到 2035 年、2050 年分别约为 6300～7300、
6900～8000 元/kW；随技术进步和规模效应扩大，以电化学储能为代表的非抽
蓄储能成本将继续保持快速下降趋势，预计 2019—2035 年间电化学储能成本将
进一步下降 60% 以上，铅炭电池和锂离子电池将更加具备竞争力。储能成本下
降趋势比较研判如图 6-3 所示。

6.3.2 储能发展展望及对电力系统影响分析

（一）储能发展展望

非抽蓄储能技术经济性发展存在较大的不确定性，将极大地影响其未来发

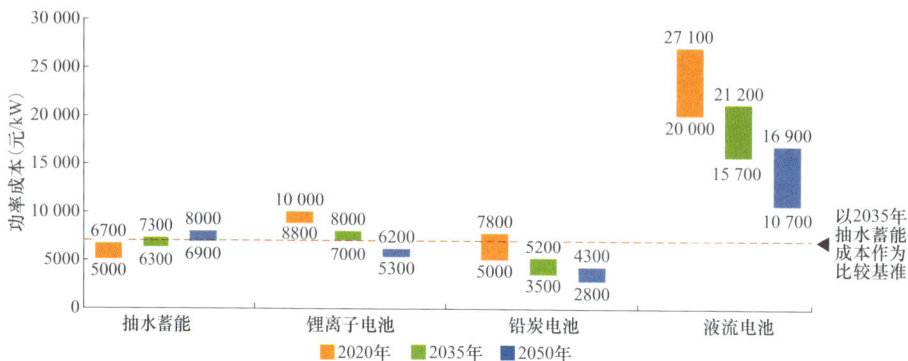

图 6-3 储能成本下降趋势比较研判

展规模和布局。为此，本专题设置基准情景❶、乐观情景❷、保守情景❸三个情景研判储能成本的变化区间，利用"源-网-荷-储"协调规划理论，依托电力系统规划软件工具集 GESP 展望未来电力系统对储能应用的需求。

从规模上看，非抽蓄储能发展规模与其成本下降速度密切相关。 基准情景、乐观情景、保守情景下，2035 年非抽蓄储能发展规模分别达到 6500 万、9500 万 kW 和 4000 万 kW。抽水蓄能电站受站址资源等因素影响，预计 2035 年发展规模约 9000 万～1.4 亿 kW。**综合考虑实际需求和考虑站址资源开发进度，预计 2035 年我国抽水蓄能装机规模将可达到 1.4 亿 kW。** 若抽水蓄能开发节奏放缓，2035 年抽水蓄能装机规模在 9000 万 kW 水平时，非抽蓄储能需要增长至 1.1 亿 kW，但相应全社会系统电力供应成本将增加 2300 亿元。不同情景下 2020－2050 年非抽蓄储能发展规模如图 6-4 所示。

从发展布局看，储能在西部北部新能源富集地区的比重不断提高。 整体来看，西部北部地区储能比重从 2035 年的 30％增长到 2050 年的 48％。**抽水蓄能**

---

❶ 考虑锂离子电池、铅炭电池等非抽蓄储能技术和成本按预期发展趋势变化，2035 年平均单位千瓦投资成本（6h 储能系统）达到平均 5500 元/kW。

❷ 考虑非抽蓄储能技术取得突破性发展，成本按预测的最快速度下降，2035 年平均单位千瓦投资成本（6h 储能系统）达到 3800 元/kW。

❸ 考虑非抽蓄储能技术发展放缓，成本按预测的最保守速度下降，2035 年平均单位千瓦投资成本（6h 储能系统）达到 7000 元/kW。

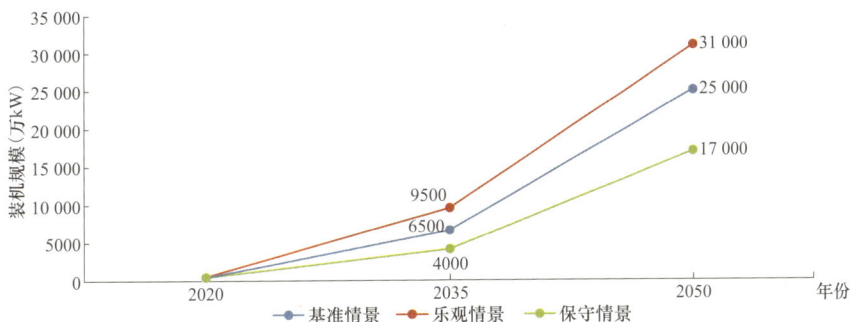

图 6‑4 不同情景下 2020—2050 年非抽蓄储能发展规模

方面，东中部地区开发难度低，站址资源相对丰富，预计 2035 年抽水蓄能有 71％布局在东中部；2035 年后西部北部抽水蓄能开发速度加快，2050 年东中部占比降低到 63％。**非抽蓄储能方面，**初期增长主要在电价承受力较高的东中部，2035 年西部北部占比达 33％；2035 年后西部北部随集中式新能源消纳需求快速增长，2050 年非抽蓄储能比重同步提高到 54％。基准情景下 2018—2050 年抽水蓄能和非抽蓄储能区域布局如图 6‑5 所示。

（二）储能规模化发展对电力系统的影响

储能可有效提高新能源消纳水平。2035 年储能可降低弃能率 8.8 个百分点。基准情景下，通过全年生产模拟研究储能对新能源消纳的影响，结果显示，

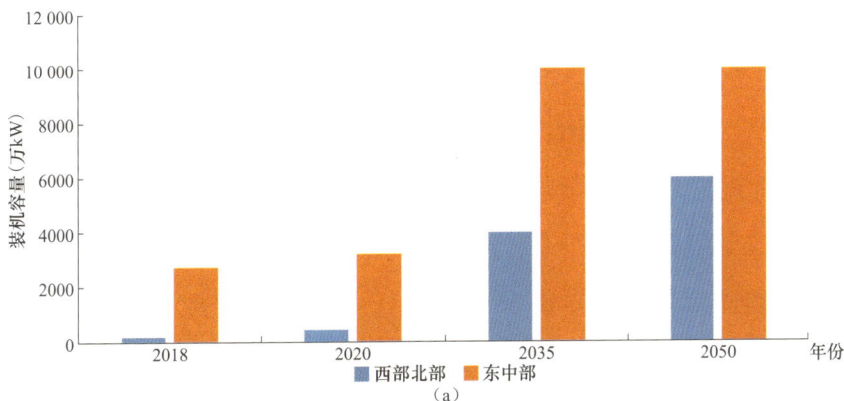

图 6‑5 基准情景下 2018—2050 年抽水蓄能和非抽蓄储能区域布局（一）

（a）抽水蓄能布局

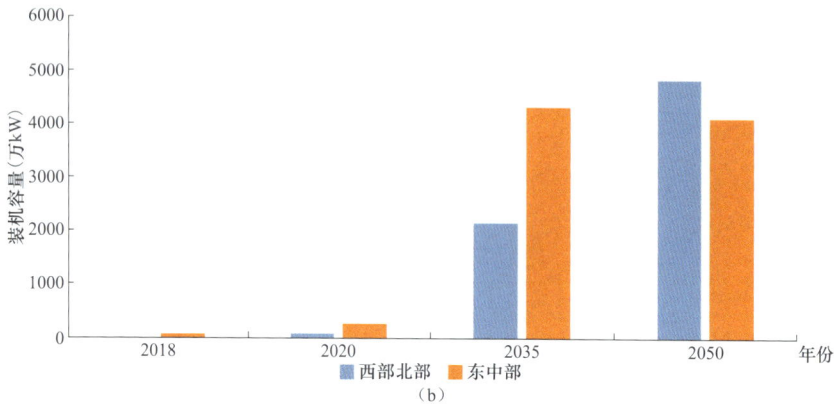

图 6-5　基准情景下 2018—2050 年抽水蓄能和非抽蓄储能区域布局（二）

（b）非抽蓄储能布局

2035 年储能可支撑新能源消纳电量达 2100 亿 kW·h，占新能源总发电量的 8.8％。2035 年储能促进新能源消纳情况如图 6-6 所示。

图 6-6　2035 年储能促进新能源消纳情况

分地区来看，储能在"三北"地区发挥促进新能源消纳的作用更为明显。基准情景下，2035 年储能在华北、东北、西北地区支撑新能源消纳电量达到 364 亿、180 亿、430 亿 kW·h，降低当地弃能率 12.5、8.2、6.8 个百分点。东中部地区储能除配合新能源消纳外，更多为本地负荷和联络线调峰，并提供安全保障功能。2035 年储能在不同地区对新能源消纳发挥的作用如图 6-7 所示。

储能可为系统提供电力平衡容量和灵活调节容量，在一定程度上可替代火电的功能。高火电情景❶下，2035 年非抽蓄储能规模降低至 3500 万 kW，较基

---

❶ 在基准情景基础上，若储能发展规模低于预期，则为满足新能源消纳需求，需加快发展煤、气等灵活调节电源，基于此思路优化形成一套发展方案，称为高火电情景。

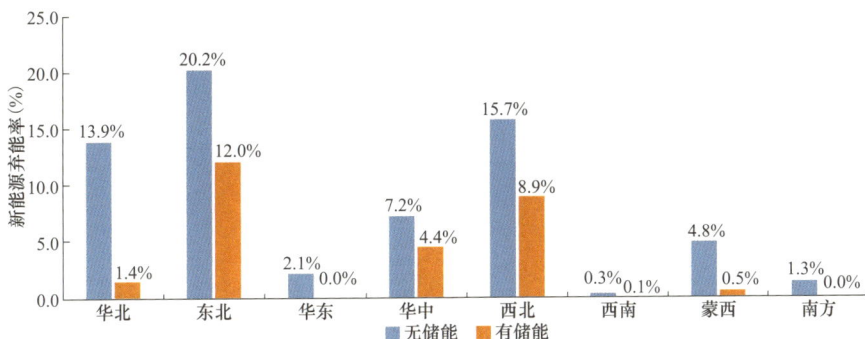

图 6-7 2035 年储能在不同地区对新能源消纳发挥的作用

准情景下降 3000 万 kW，同时需煤电和气电装机分别增长 4000 万 kW 和 2000 万 kW，表明储能具有显著的容量效益及灵活调节功能作用。2035 年不同情景下火电和储能装机需求如图 6-8 所示。

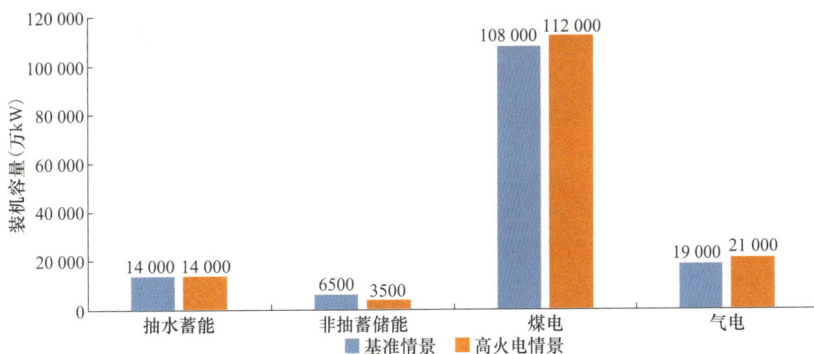

图 6-8 2035 年不同情景下火电和储能装机需求

储能通过替代火电装机容量需求，可提高存量火电利用小时数。与高火电方案相比，基准情景下火电发电量基本不变，煤电和气电利用小时数分别提高 300h 和 200h。整体来看，随新能源大规模发展，火电逐渐由电量主体向容量主体转变。储能的规模化应用可承担部分火电的备用和灵活调节功能，在火电发电量不变的情况下，可以降低火电装机容量需求、提高火电利用效率和小时数，一定程度上可维持火电电量电源地位。

　　送端地区，储能可支撑主送新能源线路平稳运行，促进新能源在更大范围内消纳。以西北为例，2035 年西北新能源装机占比超过 40%，出力占比峰值达到 80%，净负荷呈"鸭型曲线"，午后和晚间是系统调峰最困难时刻。储能主要在净负荷低谷（即风光大发）时充电，通过填谷功能尽量吸纳弃能电力，并在风光出力低谷时放电配合通道外送，有效提高输电通道利用小时数和输送新能源电量的比例。**受端地区，储能可提供灵活调节容量和快速有功、无功支撑，为大直流馈入电网的安全稳定运行提供保障**。2035 年，受端地区的储能可提供 2.2 亿 kW 的通道闭锁故障紧急支撑能力。西北 2035 年冬季系统典型运行方式如图 6-9 所示。

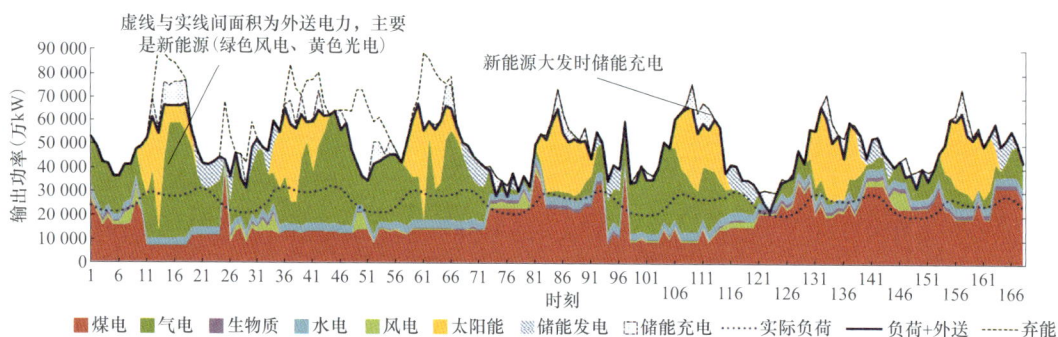

图 6-9　西北 2035 年冬季系统典型运行方式

6.3.3　储能在电力系统不同应用场景的问题及发展建议

　　在电源侧、电网侧和用户侧等不同电力系统应用场景中，储能发挥的功能及其对系统的影响各不相同，由此带来的技术路线、商业模式和应关注的重点问题也不尽相同。

　　（一）电源侧储能

　　储能安装在电源侧时，通过与火电或新能源发电等机组出力互补，使这些电源呈现更加稳定可控的外特性，有助于提高电力系统的安全稳定性。从电源侧储能市场空间看，联合火电调频市场空间有限，未来电源侧储能市场空间将主要集中于配合新能源消纳部分。然而，目前除部分地区电化学储能参与火电联合调频可获得较好预期收益外，其他商业模式和利益共享机制还相对缺乏。

为促进新能源和储能协调发展，在电源侧储能发展方面应重点考虑以下举措：一是合理引导布局。通过加强考核，以及为加装储能的新能源电站争取倾斜并网政策等方式，引导电源侧储能向新能源富集地区布局。二是完善市场机制。推动建立辅助服务市场和补偿机制，鼓励电源侧储能通过市场化手段回收投资。三是加强调度管控。对规模化电源侧储能，应通过制定并网规则、签署调度协议等方式，为储能对电网可观、可控创造条件。四是考虑规模化推动新能源电站装备储能。应坚持通过提高新能源运行效率，实现储能成本在电源端消化，保持上网电价具备市场竞争力。

（二）电网侧储能

电网侧储能集中调控模式更利于发挥"源-网-荷-储"协调作用和对大电网的紧急支撑作用，相比其他应用领域，其技术标准要求更严，研发、建设、集成、并网和运行投入门槛高。当前，如何疏导成本是电网侧储能发展面临的最关键问题。目前抽水蓄能可以通过两部制电价疏导成本，而电化学储能仍缺乏相应的价格机制。

电网侧储能发展应重点解决好如下问题：一是加强储能与"源-网-荷"协调规划研究。根据不同地区对灵活调节资源的需求、发展定位和特点，明确储能发展规模和布局，实现"源-网-荷-储"协调发展。二是精准定位电力系统需求，推进技术创新。加强电力系统应用储能的电池本体、仿真、集成、调控等关键技术的研发，引导储能厂家的技术研发朝着适合电力系统应用的方向转型升级。三是应利用多种渠道创新投融资方式。积极引入社会资本，优先发展抽水蓄能，有序发展非抽蓄储能。四是优化调度运行手段。应尽快根据接入电压等级和容量明确调度层级和方式，研究解决可能引发的双向潮流等系统运行问题。五是探索成本疏导的合理手段。目前新修订的《输配电定价成本监审办法》明确提出不得将抽水蓄能电站和电储能设施计入输配电定价成本，考虑到电网侧储能主要发挥系统级调峰调频作用，难以厘清成本回收对象，未来应统筹结合储能公共产品属性和电力市场建设推进程度，完善市场化成本疏导机制，实现储能资源的优化配置。

（三）用户侧储能

用户侧储能直接面对终端用户，具有规模小、数量大、接入灵活、布局分散等特点，其峰谷价差套利和节省容量费等盈利模式较为清晰。然而，若储能系统成本下降速度及幅度不能与峰谷价差缩小程度匹配，则用户侧储能将面临难以盈利的考验。

用户侧储能发展应重点解决好以下问题：一是明确接入标准。大规模用户侧储能实现对调度机构"可观且必要时可控"，小规模储能实现"可观"。二是通过价格信号引导用户侧储能高效参与系统调节。目前峰谷价差调整频次和幅度较低，可能与电力系统实际发展需求脱节，应根据电网实际负荷特性和调节需求，对峰谷价差幅度、时段和需求侧响应价格进行动态调整，释放正确的价格信号，引导用户侧储能高效参与系统调节。三是探索用能交易新业态新模式。针对用户侧储能的"互联网＋"特征和"共享"潜力，积极探索综合能源服务、绿电交易、需求响应、能源托管、融资租赁等新型商业模式，充分挖掘客户数据资源价值，开发储能、能源大数据和金融服务等新型能源服务业务及综合解决方案。

（四）电化学储能应用的安全风险应对措施

尽管储能在不同应用场景中应关注的重点问题不同，但无论是电源侧、电网侧还是用户侧，发展储能都应把安全放在首位。目前电化学储能电站的安全隐患不容忽视。

从电化学储能应用面临的安全风险来看，一是电化学储能系统内部存在安全隐患，现阶段储能相关消防风险安全评估和预案措施缺位，电化学储能电池系统缺少内部可控的安全设计；二是变电站储能的热失控有可能引发系统连锁反应事故，扩大故障范围；三是电化学储能安全责任主体不清晰，一旦发生事故难以追责；四是储能安全标准仍不完善，模块、电池柜、储能系统运输、安装、投运和运维等方面的安全标准规范严重滞后于技术的发展。

　　针对以上问题，应从以下方面加强电化学储能安全风险管理：一是电化学储能电站选址应充分考虑安全风险防控要求。不允许在地下建设电化学储能电站，变电站内部、各电池集装箱之间要留足安全距离，采取特别防火隔离措施。二是应尽快建立电化学储能电站安全标准体系、消防风险安全评估和预案机制。三是应研发并明确电化学储能项目所用电池的防火要求和灭火方式。四是在项目投资前即应明确安全责任主体，建立追责机制，做到事故追责有据可循。

参 考 文 献

［1］ 国家统计局．2018 年国民经济与社会发展统计公报．北京，2019.

［2］ 中国电力企业联合会．2018 年全国电力工业统计快报．北京，2019.

［3］ 中国石油集团经济技术研究院．2018 年国内外油气行业发展报告．北京：
石油工业出版社，2019.

［4］ 中国气象局，国家气候委员会．2018 年中国气候公报．北京，2019.

［5］ 中国气象局风能太阳能资源中心，中国气象服务协会．2018 年中国风能太
阳能资源年景公报．北京，2019.

［6］ 中国电力企业联合会．中国电力行业年度发展报告 2018．北京：中国市场
出版社，2018.

［7］ 中国电力企业联合会．中国电力工业现状与展望（2019）．北京，2019.

［8］ 肖新建．2018 年煤炭供需形势分析及 2019 年展望．中国能源，2019，41
（2）：9 - 12.

［9］ 杨晶，刘小丽．2018 年我国天然气发展回顾及 2019 年展望．中国能源，
2019，41（2）：13 - 18.

［10］ 许萍，杨晶．2018 年中国能源产业回顾及 2019 年展望．石油科技论坛，
2019，38（1）：8 - 19.

［11］ 李际，樊慧娴．2018 年我国电力发展形势及 2019 年展望．中国能源，
2019，41（2）：19 - 24.

［12］ 电力规划设计总院．中国能源发展报告 2018．北京：中国电力出版
社，2019.